高等院校经济管理类"十四五"规划理论与实践结合型系列教材

企业内部控制

QIYE NEIBU KONGZHI

主编 冯春阳 张舒 虎倩

华中科技大学出版社
http://www.hustp.com
中国·武汉

图书在版编目(CIP)数据

企业内部控制/冯春阳,张舒,虎倩主编. —武汉:华中科技大学出版社,2022.7(2024.8重印)
ISBN 978-7-5680-8201-3

Ⅰ.①企… Ⅱ.①冯… ②张… ③虎… Ⅲ.①企业内部管理 Ⅳ.①F272.3

中国版本图书馆 CIP 数据核字(2022)第 113290 号

企业内部控制　　　　　　　　　　　　　　　　　　　冯春阳　张　舒　虎　倩　主编
Qiye Neibu Kongzhi

策划编辑：曾　光
责任编辑：张　娜
封面设计：孢　子
责任监印：朱　玢
出版发行：华中科技大学出版社(中国·武汉)　　　电话：(027)81321913
　　　　　武汉市东湖新技术开发区华工科技园　　　邮编：430223
录　　排：武汉创易图文工作室
印　　刷：武汉市洪林印务有限公司
开　　本：787mm×1092mm　1/16
印　　张：9.5
字　　数：256 千字
版　　次：2024 年 8 月第 1 版第 5 次印刷
定　　价：39.00 元

本书若有印装质量问题,请向出版社营销中心调换
全国免费服务热线：400-6679-118　竭诚为您服务
版权所有　侵权必究

前言 Preface

内部控制是企业正常生产运行的基础,也是企业持续健康发展的重要保证。内部控制是由企业董事会、监事会、经理层和全体员工实施的旨在实现控制目标的过程。良好的内部控制可以保证企业经营管理合法合规、资产安全、财务报告及相关信息真实完整,提高经营效率,促进企业实现发展战略。为了规范上市公司的内部控制,我国政府出台了《企业内部控制基本规范》及《企业内部控制配套指引》等一系列政策法规,基本规范的推出不仅对上市公司有效,同时也鼓励非上市大中型企业执行。此举标志着我国"以防范风险和控制舞弊为中心、以控制标准和评价标准为主体,结构合理、层次分明、衔接有序、方法科学、体系完备"的企业内部控制规范体系建设目标基本完成。这是我国继企业会计准则、审计准则体系建成并有效实施之后的又一项重大系统工程,也是财政、审计、证券监管、银行监管、保险监管和国有资产监管部门贯彻落实科学发展观、转变服务经济发展方式的重大举措,对防范企业风险、规范企业管理、促进企业可持续发展具有积极的推动作用,将全面提升企业经营管理水平,增强我国企业的国际竞争力,同时也是我国应对国际金融危机的一项制度安排。

在此基础上,本书结合COSO委员会(全美反舞弊性财务报告委员会)发布的《企业风险管理框架》,从内部控制五要素即内部环境、风险评估、控制活动、信息与沟通、内部监督,对内部控制进行具体的分析和阐述。在阐述每一要素的同时,本书结合有关案例进行具体分析,从而保证理论与实践的结合,进一步增强本书的生动性和现实感。

本书第一章、第二章由冯春阳老师执笔,第三章由张舒老师负责,第四章由虎倩老师负责,第五章由张舒、虎倩老师共同负责,第六章由冯春阳、邬迪老师负责。在此感谢以上老师的辛勤付出。本书在编写过程中也参考了课程有关教材的内容,在此一并感谢。

由于编者水平及教学能力有限,不足之处在所难免,还请读者批评指正,给予宝贵的意见和建议,以期在之后的修订、再版中进一步完善。

目录

第一章 内部控制理论 /1
第一节 内部控制的产生与发展 /2
第二节 内部控制的定义与目标 /6
第三节 内部控制的原则与要素 /7
第四节 内部控制的类型与局限 /9

第二章 内部环境 /14
第一节 组织架构 /15
第二节 发展战略 /21
第三节 人力资源 /27
第四节 社会责任 /34
第五节 企业文化 /39

第三章 风险评估 /45
第一节 风险概述 /46
第二节 目标设定 /50
第三节 风险识别 /54
第四节 风险分析 /64
第五节 风险应对 /74

第四章 控制活动 /81
第一节 不相容职务分离控制 /82
第二节 授权审批控制 /84
第三节 会计系统控制 /87
第四节 财产保护控制 /89
第五节 全面预算控制 /91
第六节 运营分析控制 /95
第七节 绩效考评控制 /98

第五章 信息与沟通 /104
第一节 信息 /105

　　　　第二节　沟通/112
　　　　第三节　信息系统/115
第六章　内部监督/122
　　　　第一节　内部监督概述/123
　　　　第二节　内部监督的方式与要求/125
　　　　第三节　内部控制评价概述/128
参考文献/140
附录　企业内部控制基本规范/141

第一章 内部控制理论

案例导入

中海集团釜山公司的"资金门"

中国海运(集团)总公司(以下简称中海集团)成立于1997年7月,总部设在上海,是中央直接领导和管理的重要国有骨干企业之一,是以航运为主业的跨国经营、跨行业、跨地区、跨所有制的特大型综合性企业集团,旗下有中海集运、中海发展、中海海盛三家上市公司。中海集团在全球90多个国家和地区,设有北美、欧洲、中国香港、东南亚、韩国、西亚6个控股公司,日本株式会社、澳大利亚代理有限公司、境外产业下属90多家公司,代理、代表处、营销网点总计超过300多个;年货物运输完成量超过3.3亿吨950万TEU(Twenty-feet Equivalent Unit,以长度为20英尺(约6米)的集装箱为国际计量单位,也称国际标准箱单位,通常用来表示船舶装载集装箱的能力,也是集装箱和港口吞吐量的重要统计、换算单位),在国家能源和进出口贸易中发挥了重要的运输支持和保障作用。中国航运企业在海外投资的主要路径是:航运公司一般会根据海外的业务量,选择在当地开设控股型分公司或者与当地企业合作的代理公司,而主要业务也以揽货、放货以及船代等客户维护服务为主。韩国的釜山港是东北亚地区重要的转运枢纽港,我国华北、东北地区的出口中转货源对韩国釜山港的吞吐量贡献非常大,像天津、大连等这些北方地区重要口岸城市,到美国洛杉矶或者欧洲的航线基本上都会通过釜山港,因而,釜山港成为中海集团近几年实施"走出去"海外战略的重点区域,釜山公司便是中海集团韩国控股公司主营集装箱业务的下属企业。最新统计数据显示,中海集团在韩国的集装箱吞吐量在20万TEU左右,甚至高于航运巨头中远集团在当地的业务量。

遗憾的是,中海集团在内部控制上的欠缺与薄弱,酿成了一桩中国航运界罕见的财务丑闻。中海集团接报,驻韩国釜山公司大约400万美元(约合人民币3亿元)的巨额运费收入及部分投资款,被公司内部人员非法截留转移,分成一百多次逐步挪出公司账户,主要涉案人员中海集团韩国控股的财务人员李克江在逃,俗称"资金门"。此案发生以后,国资委表现出对中央企业内部控制问题的深切忧虑,迅即向包括中海集团、五矿集团等多家在海外设有分公司的大型中央企业发出通报,责成其强化内部控制,消除资金失控的隐患。

思考:到底什么是内部控制?它对于企业的生存和发展具有什么作用?

第一节 内部控制的产生与发展

内部控制最初从拉丁语"contrarotulus"派生而来,意为"对比宗卷"。它起源于古罗马时代对会计账簿实施的双人记账制,即某笔经济业务发生后,由两名记账人员同时在各自的账簿上加以登记,然后定期核对双方的账簿记录,以检查有无记账差错或舞弊行为,进而达到控制财物收支的目的。在企业界、管理层、审计师、政府监管部门乃至国际监管组织的共同推动下,内部控制的理论与实践如今有了长足的发展。正如内部控制专家汤姆·李(Tom Lee)所言:"这个今日在经济管理领域的许多方面仍然发挥重要作用的内部控制思想,其发展应归功于历代企业家、政府官员、会计人员和著书立说者们的不懈努力。他们不是在实践中应用这一思想,就是至少提倡应用这一思想。"总体来说,内部控制理论和实践经历了大致五个发展阶段。

一、内部控制的发展历程

(一) 内部牵制阶段

一般认为,20世纪40年代以前是内部牵制阶段。内部牵制就是指一个人不能完全支配账户,另一个人也不能独立地加以控制的制度。某位职员的业务与另一位职员的业务必须是相互弥补、相互牵制的关系,即必须进行组织上的责任分工和业务的交叉检查或交叉控制,以便相互牵制,防止错误或弊端,这就是内部控制的雏形。《柯氏会计词典》给它下的定义是:"为提供有效的组织和经营,并防止错误和其他非法业务发生而制定的业务流程,其主要特点是以任何个人或部门不能单独控制任何一次或一部分业务权利的方式进行组织上的责任分工,每项业务通过正常发挥其他个人或部门的功能进行交叉检查或交叉控制。"人们对上述内部牵制概念长期以来没有根本的异议,以致在现代的内部控制理论中,内部牵制仍占有相当重要的地位,并成为现代内部控制理论中有关组织控制、职务分离控制的雏形。

(二) 内部控制制度阶段

在内部牵制思想的基础上,产生了内部控制制度的概念。内部控制制度的形成,可以说是传统的内部牵制思想与古典管理理论相结合的产物。

1949年,美国注册会计师协会的审计程序委员会发表了一份题为《内部控制、协调系统诸要素及其对管理部门和注册会计师的必要性》的专题报告,该报告对内部控制首次做出了如下权威定义:"内部控制是企业所制定的旨在保护资产、保证会计资料可靠性和准确性、提高经营效率、推动管理部门所制定的各项政策得以贯彻执行的组织计划和相互配套的各种方法及措施。"

内部控制制度思想认为,内部控制应分为内部会计控制和内部管理控制两个部分。内部会计控制包括与财产安全和财产记录可靠性有关的所有方法和程序,旨在保护企业资产、检查会计数据的准确性和可靠性。内部管理控制包括组织规划的所有方法和程序,这些方法和程序主要与经营效率和贯彻执行方针有关,旨在提高经营效率,促使有关人员遵守既定的管理方针。

最早提出内部会计控制系统的是 1934 年美国发布的《证券交易法》。该法规定:证券发行人应设计并维护一套能够为财务信息真实可靠目标提供合理保证的内部控制制度。1958 年,美国审计程序委员会又发布《独立审计人员评价内部控制的范围》的报告,将内部控制分为内部会计控制和内部管理控制。

西方学术界在对内部会计控制和内部管理控制进行研究时发现,这两者是不可分割、相互联系的。因此在 20 世纪 80 年代提出了内部控制结构的概念。

(三) 内部控制结构阶段

进入 20 世纪 80 年代,内部控制的理论研究又有了新的发展,人们对内部控制的研究重点逐步从一般含义向具体内容深化。其标志是美国注册会计师协会于 1988 年 5 月发布的《审计准则公告第 55 号》(SAS55)。在公告中,以"内部控制结构"概念取代了"内部控制制度",并指出:"企业内部控制结构包括为提供取得企业特定目标的合理保证而建立的各种政策和程序。"认为内部控制结构由三个要素组成:控制环境、会计系统和控制程序。并明确了内部控制结构三要素的内容。控制环境:对建立、加强或削弱特定政策和程序的效率发生影响的各种因素,主要表现在股东、董事会、经营者及其他员工对内部控制的态度和行为上。会计系统:规定各项经济业务的确认、计量、记录、归集、分类、分析和报告的方法,也就是要建立企业内部的会计制度。控制程序:管理当局制定的用以保证达到一定目的的方针和程序。

与以前的内部控制相比,内部控制结构有两个特点:一是将内部控制环境纳入内部控制的范畴,二是不再区分会计控制和管理控制。至此,在企业管理实践中产生的内部控制活动,经过审计人员的理论总结,已经完成从实践到理论的升华。

(四) 内部控制整体框架阶段

在 1992 年,由美国会计学会、注册会计师协会、内部审计师协会、财务经理人员协会和管理会计师协会等组织成立的专门研究内部控制问题的美国虚假财务报告全国委员会的赞助组织委员会(Committee of Sponsoring Organization of the Treadway Committee,简称 COSO)发布了指导内部控制的纲领性文件 COSO 报告——《内部控制——整体框架》,并于 1994 年进行了增补,这份报告堪称内部控制发展史上的又一里程碑。

COSO 报告指出,内部控制是由公司董事会、管理层和其他员工实施的,为实现经营的效果和效率、财务报告的可靠性以及适用法律法规等目标提供合理保证的一个过程。内部控制的根本目的是防范风险。根据 COSO 的这一定义,内部控制是为达到目标提供合理保证而设计的过程。具体来说,是为了达到提供可靠财务报告、遵循法律法规和提高经营效率效果等目标。COSO 提出了企业内部控制的整体框架,在 COSO 内部控制框架中,管理层需要履行的职责包括五要素:控制环境(control environment)、风险评估(risk assessment)、控制活动(control activities)、信息与沟通(information and communication)和监督(monitoring)。

1. 控制环境

控制环境作为内部控制整体框架中所有构成要素的基础,为内部控制提供了前提和结构。其特征是先明确定义机构的目标和政策,再以战略计划和预算过程进行支持;然后,清晰定义有利于划分职责和汇报路径的组织结构,确立基于合理年度风险评估的风险接受政策;最后,向员工澄清有效控制和审计体系的必要性以及执行控制要求的重要性,同时,高级领导层需对文件控制系统做出承诺。控制环境决定了企业的基调,直接影响企业员工的控制意识。

2. 风险评估

风险评估是确定和分析目标实现过程中的风险,并为决定如何对风险进行管理提供基础。这一环节是 COSO 内部控制整体框架的独特之处。把风险评估作为要素引入内部控制领域,这是第一次。在风险评估过程中,管理层识别并分析实现其目标过程中所面临的风险,从而制定决定如何管理风险的制度。管理层应该在审计师开始审计之前,识别那些重大的风险,并基于这些风险发生的可能性和影响采取措施。随后,审计师对这一风险评估过程进行评价。

3. 控制活动

控制活动是指确保管理层的指令得以实现的机制,包括那些被识别的能够缓和风险的活动。控制活动存在于组织的所有层面及组织所有的功能中,如核准、授权、验证、调节、复核经营绩效、保障资产安全、职务分工及信息系统等。

4. 信息与沟通

员工能够获得其工作中所需要的信息,是确保员工履行职责的必要条件。沟通是各级人员接收最高管理层关于控制责任指令的方式,包括信息向上的、向下的、横向的、在组织内外自由的流动。在企业运行和目标实现过程中,组织的各个层面都需要一系列包括来自企业内部和外部的财务和运营信息。信息系统对战略行动提供支持,并融入经营活动中。

5. 监督

监督是由实时评价内部控制执行质量的程序组成的,这一程序包括持续监督和独立评价,或者是二者的综合。独立评价的范围和频率取决于所评估的风险程度,内部控制系统需要被监督,监督能够确保内部控制的有效运行。监督要素包括经理人员日常的监督、审计师和其他群体定期的审核以及经理人员用以揭示和纠正已知的缺陷与不足的程序。监督可以保证其他控制的运行。

COSO 将内部控制要素以一个金字塔结构(见图 1-1)提出,其中控制环境作为金字塔的最底部,风险评估和控制活动位于上一层次,信息与沟通接近顶部,监督处于最顶端。控制环境是整个控制系统的基础,没有它,其他要素就成了空中楼阁。任何一个组织的控制环境都要受其组织结构、组织文化以及信息与沟通系统的影响,反过来它又影响着组织的业务流程、员工控制意识、具体控制活动及监督的效率和效果。

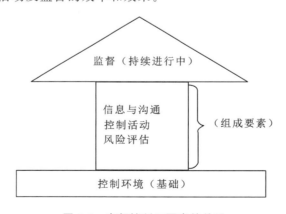

图 1-1 内部控制五要素的关系

图 1-1 表明:五大要素中,控制环境是基础,是其余要素发挥作用的前提条件。如果没有

一个有效的控制环境,其余四个要素无论其质量如何,都不可能形成有效的内部控制。风险评估、控制活动、信息与沟通是整个控制框架的组成要素,监督则是对另外四个要素进行的持续不间断的检验和再控制。

COSO报告的发布引起了世界会计学界的广泛研究兴趣,加深了各界对内部控制的认识,基本上统一了业界的认识,这对人们进行企业内部控制的研究极具时代意义。

COSO报告对我国的会计理论和会计实务方面都具有重大的启示和借鉴意义。在理论方面的启示,首先体现在我国各级会计人员必须加深对内部控制的认识,内部会计控制是内部控制的核心组成部分,必须转变原有过时的内部会计控制观念和思想,以便更好地促进企业内部控制管理,使内部会计控制思想得到企业各个阶层的自觉遵守,"软控制"在企业中生根发芽,这是企业管理中最为推崇和有效的控制方法。在实务方面的启示,我国应吸收COSO报告的研究成果,对我国企业内部会计的控制环境、控制活动和风险评估等进行重新审视并加以完善和提高,以便建立一套更适合我国企业的内部控制办法。

(五)企业风险管理整合框架阶段

自COSO报告发布以来,内部控制整体框架已经被许多企业采用,理论界和实务界也纷纷对该框架提出改进建议,认为其对风险的强调不够使得内部控制无法与企业风险管理相结合。因此,2001年COSO开展了一个项目,委托普华永道会计师事务所开发一个对于管理当局评价和改进他们所在组织的企业风险管理的简便易行的框架。正是在开发这个框架期间,2001年12月,美国最大的能源公司之一安然公司,突然申请破产保护,此后上市公司和证券市场丑闻不断,特别是2002年6月的世界通信公司(简称世通)会计丑闻事件,"彻底打击了投资者对资本市场的信心"。美国国会和政府加速制定与采用新的法律试图改变这一局面。在这一背景下,2002年7月美国总统小布什签署出台了《2002年公众公司会计改革和投资者保护法案》,该法案由参议院银行委员会主席保罗·萨班斯和众议院金融服务委员会主席迈克·奥克斯利联合提出,又被称为《萨班斯-奥克斯利法案》(简称《SOX法案》)。该法案是继美国《1933年证券法》《1934年证券交易法》以来的又一部具有里程碑意义的法案。《SOX法案》强调了公司内部控制的重要性,从管理者、内部审计及外部审计等几个层面对公司内部控制做了具体规定,并设置了问责机制和相应的惩罚措施,成为继20世纪30年代美国经济危机以来,政府制定的涉及范围最广、处罚措施最严厉的公司法律。

二、内部控制的进一步发展

随着我国内部控制规范体系的广泛建立,实施内控成了上市公司的底线要求。这种从"前沿"到"底线"的变化,集中体现在上市公司要强制披露自己内控的有效性,并接受审计。那么,是不是审计通过了,上市公司就没风险、没问题了呢?实际情况并不是这样,一些风险事件还是会发生。所以,新的框架强调了内控对天灾(外部事件)和人祸(人为失误)的无能为力。既然旧框架得到了修订,这势必会影响我国企业的内控建设。

紧随内部控制框架的修订,COSO于2014年10月21日宣布启动"更新2004年企业风险管理框架"的计划,并委托普华永道会计师事务所着手框架的更新。这项正在进行的企业风险管理框架更新工作将改进框架的内容,提升框架与日益复杂的商业环境之间的关联性,旨在反映风险管理理论和实践,以及利益相关人预期的演进;开发相关工具,帮助管理层报告风险信息,检查和评估企业风险管理的实施情况。该项计划期望各类组织通过使用更新后的整体框架,可以对不确定性进行管理,测算可承受的风险水平,加深对"机会"的理解,从而保护和增加企业的价值。自该计划宣布以来,普华永道一直都在COSO董事会的指导下,围绕现有框架和改进建议开展调研,以寻求改进方案。

第二节　内部控制的定义与目标

一、内部控制的定义

内部控制是指一个组织为了实现其经营目标,保护资产的安全完整,保证会计信息资料的正确可靠,确保经营方针的贯彻执行,保证经营活动的经济性、效率性和效果性而在组织内部采取的自我调整、约束、规划、评价和控制的一系列方法、手段与措施的总称。

第一,内部控制的主体属于组织的内部,即内部控制来自组织的内部需求。如果控制者来自组织外部,那么由其对组织实施的控制就属于外部控制,如税务控制、政府审计控制。在内部控制过程中,上至董事长、下至基层员工,人人都应该成为内部控制的主体,即应强调"全员控制"的理念。

第二,内部控制的建立与实施是有目的的,即实现控制目标。内部控制的目标不仅包括报告目标,还包括经营目标和战略目标等,即应强调"全面控制"的理念,而不仅仅是会计控制。

第三,内部控制只能为目标的实现提供"合理保证"而非"绝对保证"。"合理保证"意味着内部控制制度的设计和执行并不代表可以"包治百病",也不意味着企业可以"万事无忧",只是有内部控制制度的企业相对而言要比没有内部控制制度的企业更不容易发生错误和舞弊现象,执行得好的企业一般要比执行得不好的企业更有效率。

第四,内部控制是一个动态的过程,即从整体控制看,包括制度设计、制度执行和制度评价(即对制度设计和执行情况的监督检查)等阶段;从业务控制看,一般应采取事前控制、事中控制和事后控制等措施,即应强调"全程控制"的理念。

二、内部控制的目标

目标是主体在一定时间内期望达到的成果。德鲁克认为,不是有了工作才有目标,而是有了目标才能确定每个人的工作。当高层管理者确定组织目标后,必须对其进行有效的分解,转变为各个部门的分目标,管理者根据分目标对下级进行考核。只有完成了分目标,企业的总目标才有完成的可能。就内部控制而言,确定控制目标并逐层分解目标是控制的开始,内部控制的所有方法、程序和措施无一不是围绕着目标展开的,如果没有了目标,内部控制就会失去方向。因而从某种意义上讲,目标也是一种控制手段。

我国《企业内部控制基本规范》规定,内部控制的目标是合理保证企业经营管理合法合规、资产安全、财务报告及相关信息真实完整、提高经营效率和效果、促进企业实现发展战略。

1. 战略目标

促进企业实现发展战略是内部控制的最高目标,也是终极目标。一个企业为实现其战略目标,首要任务是在分析内外环境的基础上制定战略,明确战略目标;其次是对风险进行识别、评估并制定相应对策的基础上形成战略规划；最后需要将该战略目标分解成相应的子目标，再将子目标层层分解到各个业务部门、行政部门和各生产过程。鉴于企业战略实现的重要性与复杂性，所有内部控制行为首先必须围绕促进企业实现发展战略这一目标展开。

2. 经营目标

经营目标即实施内部控制要提高经营的效率和效果。企业经营的根本目标是实现资本保值增值、维护股东利益，这一目标决定了着眼于企业经营效率和效果的经营目标在企业内部控制目标体系中占有支配地位，并发挥主导作用。经营目标是企业实现战略目标的核心和关键，战略目标是与企业使命有关的总括性目标，它的实现需要通过分解和细化为经营目标才能得以落实，没有经营目标，战略目标制定得再好也没有任何意义。

3. 报告目标

报告目标即内部控制要合理保证企业提供真实可靠的财务报告及其他信息，它是内部控制目标体系的基础目标。如果说战略目标和经营目标是从企业自身的角度提出的，那么报告目标则更多地考虑企业外部的需求。真实可靠的财务报告能够公正地反映企业的财务状况和经营成果，从而有利于信息使用者做出决策。

4. 合规目标

合规目标即内部控制要确保企业遵循国家法律法规的规定，不得违法经营。一个违反法律法规、丧失道德底线的企业，必然会将自身置于高风险的环境中，从而对自身的生存和发展造成巨大威胁。国家有关法律法规、制度的落实必须依靠内部控制的有效执行来保证。合规目标是实现其他目标的保证，也是企业一切活动的前提，能为企业的生存和发展创造良好的客观环境。

5. 资产安全目标

资产安全目标主要是为了防止资产损失。COSO 框架并没有将资产安全作为一个重要的目标，但我国是一个产权多元化的国家，国有资产流失严重，保护资产安全与完整具有特别紧迫的现实意义。保护资产的安全与完整是企业开展经营活动的基本要求，也是企业实现其他目标的物质前提。

内部控制的五个目标之间相互联系、共同构成了一个完整的内部控制目标体系。战略目标是最高目标，经营目标是战略目标的细化、分解与落实，是战略目标的短期化与具体化，是内部控制的核心目标；资产安全目标是实现经营目标的物质前提；报告目标是经营目标的成果体现与反映；合规目标是实现经营目标的有效保证。

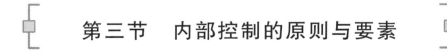

第三节 内部控制的原则与要素

一、内部控制的原则

内部控制的原则是企业建立与实施内部控制应当遵循的基本方针。企业建立与实施内部控制应当遵循五项原则，即全面性、重要性、制衡性、适应性和成本效益原则。

1. 全面性原则

内部控制应当贯穿决策、执行和监督全过程,覆盖企业及其所属单位的各种业务和事项,实现全过程、全员性控制,不存在内部控制的空白点。

2. 重要性原则

内部控制应当在全面控制的基础上,关注重要业务事项和高风险领域,并采取更为严格的控制措施,确保不存在重大缺陷。重要性原则的应用需要一定的职业判断,企业应当根据所处行业环境和经营特点,从业务事项的性质和涉及金额两方面来考虑是否及如何实行重点控制。

3. 制衡性原则

内部控制应当在治理结构、机构设置及权责分配、业务流程等方面形成相互制约、相互监督的关系,同时兼顾运营效率。制衡性原则要求企业完成某项工作必须经过互不隶属的两个或两个以上的岗位和环节;同时,还要求履行内部控制监督职责的机构或人员具有良好的独立性。

4. 适应性原则

内部控制应当与企业经营规模、业务范围、竞争状况和风险水平等相适应,并随着情况的变化加以调整。适应性原则要求企业建立与实施内部控制应当具有前瞻性,适时地对内部控制系统进行评估,发现可能存在的问题,并及时采取措施予以补救。

5. 成本效益原则

内部控制应当权衡实施成本与预期效益,以适当的成本实现有效控制。成本效益原则要求企业内部控制建设必须统筹考虑投入成本和产出效益之比。对成本效益原则的遵循需要从企业整体利益出发,尽管某些控制会影响工作效率,却会避免整个企业面临更大的损失。

二、内部控制的要素

借鉴COSO报告,我国《企业内部控制基本规范》将内部控制的要素归纳为内部环境、风险评估、控制活动、信息与沟通、内部监督五大方面。

1. 内部环境

内部环境是企业实施内部控制的基础,一般包括治理结构、机构设置及权责分配、内部审计、人力资源政策、企业文化等。其中,治理结构是重中之重,企业实施内部控制应先从治理结构入手。内部控制只有得到高层的充分重视,才能取得成果。如果主要领导人滥用职权,内部控制势必要失效。内部控制是通过人来实施的,而企业文化则是企业的灵魂。内部环境是内部控制其他四个构成要素的基础,在企业内部控制的建立与实施中发挥着基础性作用。关于内部环境的具体内容将在第二章详细讲解。

2. 风险评估

风险评估是企业及时识别、科学分析经营活动中与实现控制目标相关的风险,合理确定风险应对策略,是实施内部控制的重要环节,主要包括目标设定、风险识别、风险分析和风险应对。企业必须制定与生产、销售、财务等业务相关的目标,建立辨认、分析和管理相关风险的机制,以了解企业所面临的来自内外的各种不同风险。在充分识别各种潜在风险因素后,要对固有风险和剩余风险进行评估;单位管理层在评估相关风险的成本效益之后,要选择一系列措施,采取相应的应对策略使风险处于期望的风险承受能力以内。关于风险评估的具体内容将在第三章详细讲解。

3. 控制活动

控制活动是指企业根据风险评估结果,采取相应的控制措施,将风险控制在可承受范围内。它是实施内部控制的具体方式,常见的控制措施包括不相容职务分离控制、授权审批控制、会计系统控制、财产保护控制、预算控制、运营分析控制、绩效考评控制等。关于控制活动的具体内容将在第四章详细讲解。

4. 信息与沟通

信息与沟通是企业及时、准确地收集、传递与内部控制相关的信息,确保信息在企业内部、企业与外部之间进行有效沟通,是实施内部控制的重要条件。企业应当建立信息与沟通制度,明确内部控制相关信息的收集、处理和传递程序,确保信息及时沟通,促进内部控制有效运行。信息与沟通的要件主要包括信息质量、沟通制度、信息系统、反舞弊机制。关于信息与沟通的具体内容将在第五章详细讲解。

5. 内部监督

内部监督是企业对内部控制建立与实施情况进行监督检查,评价内部控制的有效性,对于发现的内部控制缺陷及时加以改进,是实施内部控制的重要保证。从定义出发,内部监督主要有两个方面的意义:第一,发现内控缺陷,改善内部控制体系,保障企业内部控制的健全性、合理性;第二,提高企业内部控制实行的有效性。除此之外,内部监督也是外部监管的有力支撑。同时内部监督机制可以减少代理成本,保障股东的利益。关于内部监督的具体内容将在第六章详细讲解。

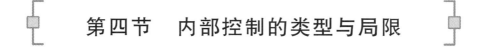

第四节 内部控制的类型与局限

一、内部控制的类型

(一)按控制内容的不同划分

1. 基础控制

基础控制是指对企业生产经营活动赖以进行的内部环境所实施的总体控制,因而亦称环境控制。它包括组织控制、人员控制、业务记录以及内部审计等内容。基础控制的特征是不直接作用于具体经营活动。

2. 应用控制

应用控制是指直接作用于企业生产经营业务活动的具体控制,因此,亦称业务控制。基础控制是实施应用控制的前提,应用控制则是基础控制的深化。健全有效的基础控制可以为应用控制的有效运转提供良好的基础。正确认识基础控制和应用控制的关系可以使审计人员提高内部控制评价的效率,在评价内部控制时,审计人员首先应检查基础控制,以确定其能否为应用控制提供充分发挥作用的条件,从而做出是否需要进一步评价应用控制的决定。这样可以减少审计测试的盲目性,避免无效劳动,大大提高评价工作的效率。

(二)按控制目标的不同划分

1. 财产物资控制

财产物资控制是指企业为维护财产物资的安全性和完整性所实施的各项控制。

2. 会计信息控制

会计信息控制是指企业为保证会计凭证、账簿、报表等会计资料的可靠性和准确性所进行的各项内部控制。

3. 财务收支控制

财务收支控制是指企业为保证财务收支的合理性、合法性所采取的各项控制程序和控制措施。

4. 经营决策控制

经营决策控制是指企业为保证经营决策及方针政策的正确实施和有效执行所采取的各项控制程序和控制措施。

5. 经济效益控制

经济效益控制是指企业为保证其经济活动能够有秩序和高效率地进行所采取的各项控制程序和控制方法。

(三)按控制地位的不同划分

1. 主导性控制

主导性控制是指为实现某项控制目标而首先实施的控制。在正常情况下,主导性控制能够防止错误的发生,但如果主导性控制存在缺陷不能正常运行时,就必须有其他的控制措施及时进行补充。

2. 补偿性控制

补偿性控制是指能够全部或部分弥补主导性控制缺陷的控制。主导性控制和补偿性控制的划分是相对于某种可能发生的错误或某项控制目标而言的,因此,在一种情况下表现为主导性控制,而在另一种情况下表现为补偿性控制,反之亦然。区分主导性控制和补偿性控制有助于审计人员准确、全面地评价内部控制。即在评价内部控制时,首先应确定主导性控制是否健全有效,如果健全有效,则表明内部控制系统能够发挥控制作用,否则应进一步分析是否存在补偿性控制,以及补偿性控制能在多大程度上弥补主导性控制存在的缺陷,这样才能准确全面地评价内部控制,避免误差。

(四)按控制功能的不同划分

1. 预防式控制

预防式控制是指为防止错误和非法行为的发生,或尽量减少其发生机会所进行的控制。它主要解决"如何能够在一开始就防止错误和舞弊的发生"这个问题。如限制接近、双人守库、印押证三分管等。

2. 侦察式控制

侦察式控制是指为及时查明已发生的错误和非法行为或增强发现错误和舞弊机会的能力所进行的各项控制。主要解决当错误和舞弊发生时应如何查明,如账账核对、实物盘点等。

(五)按控制过程的不同划分

1. 预先控制

预先控制是指企业为防止人力、物力、财力等资源在质和量上发生偏差而在行为发生之前所实施的内部控制。如报专项费用前的审批行为。

2. 过程控制

过程控制是指企业在经营活动过程中针对正在发生的行为所进行的控制,如"四双"制度。

3. 结果控制

结果控制是指企业针对生产经营活动的最终结果而采取的各项控制措施,如指标真实性检查、任期责任稽核等。

二、内部控制的局限

良好的内部控制虽然能够促进组织提高经营活动的效率性和效果性、资产的安全性和财务报告的可靠性,为管理人员达到其目的提供保证,但无论内部控制的设计与执行多么完善,它也无法消除本身所固有的局限,内部控制不可能完美无缺。

(一)制度设计的局限性

1. 成本限制

根据成本效益原则,内部控制的设计和执行是要花费代价的,企业应当充分权衡实施内部控制的潜在收益与成本,运用科学、合理的方法,有目的、有重点地选择控制点,实现有效控制。也就是说,内部控制的实施受制于成本与效益的权衡。内部控制的根本目标在于服务企业价值创造,如果设计和执行一项控制带来的收益不能弥补其所耗费的成本,就应该放弃该项控制。成本效益原则的存在使内部控制始终围绕着控制目标展开,同时也制约了内部控制制度的制定,使之难以达到尽善尽美。

2. 例外事件

内部控制主要是围绕企业正常的生产经营活动展开的,针对经常性的业务和事项进行的控制。但在现实情况中,由于复杂多变的外部环境,企业常常会面临一些意外和偶发事件,而这些例外由于其特殊性和偶然性,没有现成的规章制度可循,造成了内部控制的盲点。也就是说,内部控制的一个重大缺陷在于它不能应对例外事件。企业在处理这些例外事件时,往往更多地凭借管理层的知识和经验以及对环境变化的感知,这就是所谓的"例外管理原则"。

(二)制度执行的局限性

1. 越权操作

内部控制制度的重要实施手段之一是授权批准控制。授权批准控制使处于不同组织层次的人员和部门拥有大小不等的业务处理及决定权限,但是当内部管理者的权力超过内部控制制度本身的力量时,管理层越权操作就有了可能。管理层越权操作的危害极大,轻则打乱正常的工作秩序和工作流程,重则出现徇私舞弊、违法违规等严重后果。在现实环境中,管理层越权操作也是导致许多重大舞弊事件发生和财务报告失真的重要原因。

2. 串通舞弊

内部控制制度源于内部牵制的理念,因为相互有了制衡,在经办一项交易或事项时,两个或两个以上人员或部门无意识地犯同样错误的概率要大大低于一个人或一个部门；两个或两个以上人员或部门有意识地合伙舞弊的可能性要大大低于一个人或一个部门。内部控制制度达到控制目标的前提是公司员工按照规定办事，但当员工合伙舞弊和内外串通共谋时，就会完全破坏内部牵制的设想，削弱制度的约束力，从而导致内部控制的失灵。

3. 人为错误

内部控制的设计和执行终究都是由人完成的，受到设计人员经验和知识水平的限制，可能会出现人为失误和由于人为失误而导致的内部控制失效。同时，内部控制制度的执行人员因粗心、精力不集中、身体欠佳判断失误或误解上级发出的指令等，也会使内部控制制度失效。

本章小结

内部控制的发展经历了内部牵制阶段、内部控制制度阶段、内部控制结构阶段、内部控制整体框架阶段、企业风险管理整合框架阶段五个阶段。

内部控制是指组织为了实现其经营目标，保护资产的安全完整，保证会计信息资料的准确可靠，确保经营方针的贯彻执行，保证经营活动的经济性、效率性和效果性而在组织内部采取的自我调整、约束、规划、评价和控制的一系列方法、手段与措施的总称。

内部控制的原则是企业建立与实施内部控制应当遵循的基本方针。企业建立与实施内部控制应当遵循五项原则，即全面性、重要性、制衡性、适应性和成本效益原则。

内部控制的要素包括内部环境、风险评估、控制活动、信息与沟通、内部监督。

思考题：

(1) 内部控制经历了哪些发展阶段？

(2) 如何理解内部控制的定义及目标？

(3) 内部控制的要素包括几个方面？

(4) 如何理解内部控制的局限性？

案例思考

中国铝业战略失败案例分析

2014年，中国铝业的中报业绩出现大幅滑落的迹象。据统计，公司2014年上半年实现营业收入701亿元，归属母公司股东的净利润为41.23亿元，同比下降561.02%，成了中报的"亏损王"。实际上，对市场而言，中国铝业的巨亏并没有让市场感到震惊。

早在2012年，中国铝业就巨亏82.34亿元。究其原因，企业表示因氧化铝和电解铝产能的大幅增加，从而导致价格的持续走低。同时，其原材料、电力等成本的持续上升，最终引发中铝的巨额亏损。然而，就在当时，中国铝业犯下了更严重的错误，即在行业去产能化的大背景下，企业却不断借助定向增发等手段完成增产的目的。最终，即使当时铝的价格出现了大幅下滑的走势，也无碍中国铝业扩大产能的进程，此举为企业陷入亏损的危机埋下了隐患。按照A股市场的规定，上市企业连续2年亏损，将会对公司股票进行ST处理。换言之，中国铝业经历2012年的巨额亏损后，若2013年无法完成扭亏的任务，将会面临戴"ST"帽子的风险。

2013年，对中国铝业来说，盈利并非轻松的事情。然而，在经济发展形势不明朗的大环境下，结合全球大宗商品期货价格的持续低迷，也为中国铝业的扭亏任务增添了不少挑战。

于是，在此背景下，中国铝业为实现扭亏可谓煞费心机。其中，2013年频繁出售资产，拟改善持续恶化的经营环境。在2013年前三季度内，企业已经进行了5次以上的变卖资产活动，且接盘者均为中国铝业母公司中铝公司，合计变卖资产的价格高达200多亿元。"功夫不负有心人"，2013年中国铝业终以9.48亿元的微利成功扭亏。

其实，中国铝业的扭亏并非因企业盈利能力的有效提升而实现。显然，这种扭亏方式并不会对企业的经营现状构成实质性的影响。因此，进入2014年，中国铝业的业绩再度陷入巨亏的局面也属于情理之中。那么，中国铝业接连亏损的原因真的是企业对外公布的那样吗？

思考：请从内部控制的目标、基本原则等方面对中国铝业接连亏损的原因进行分析。

本章练习题

第二章 内部环境

 / 案例导入 /

沃尔玛的成功与其内部环境

沃尔玛百货有限公司由美国零售业的传奇人物山姆·沃尔顿先生于1962年在阿肯色州成立。纵观沃尔玛的发展史,我们可以看出沃尔玛是成功的,而它的成功,与其具有良好的内部环境有着密切关系:

第一,企业文化。沃尔玛始终坚持诚信的原则和道德的价值观,企业道德价值观可归纳为"我为人人,人人为我"。以诚实、公平和客观的最高标准行事,并遵守所有法律和公司政策。

第二,以人为本,激发员工的荣誉感和责任心。沃尔玛将员工称为"合伙人",他们是沃尔玛最宝贵的资源,沃尔玛重视每一位员工,尽职尽责,并通过聆听和分享想法的方式与员工进行沟通。

第三,管理哲学和经营风格。在这种内部环境影响下,沃尔玛的采购、管理等采取了最低成本的策略,如向制造商直接采购并与制造商谈判以获得尽可能低的采购价格。

第四,完善的组织结构。沃尔玛每家分店由一位经理和二位助理经营管理,他们又领导着36个商品部门经理。每位地区经理负责约12家分店,地区经理向区域副总裁汇报工作,每位副总裁下辖3~4位地区经理,区域副总裁又向公司执行副总裁汇报工作。沃尔玛坚持董事之间遵守有效牵制原则,使公司高层做出的决策具有高度预见性和创造力。

沃尔玛的成功,与其良好的内部环境息息相关。如果没有内部环境的保证,再完善的内部控制设计也无法发挥其应有的作用。

思考:什么是内部环境?内部环境包括哪些内容?企业又该如何建立或优化完善自身的内部环境呢?

内部环境是企业内部控制建设与运行的载体,企业在建设内部控制机制时,首先要诊断与完善内部环境。根据《企业内部控制基本规范》的定义:"内部环境是企业实施内部控制的基础,一般包括治理结构、机构设置及权责分配、内部审计、人力资源政策、企业文化等。"

内部环境直接影响内部控制的价值观念、风险偏好、组织形式和管理风格,决定了其他控制要素能否发挥作用,对企业内部控制系统的实施以及职能的发挥产生重大、持久的影响。内部环境的各要素就是内部控制的重要内容,内部环境决定内部控制发挥作用的效果。健全的内部控制有效运行可以推动内部环境的功能发挥,完善的内部环境有利于内部控制建立和执行。内部控制的效果取决于内部环境对控制活动的推动或阻碍。企业如果建立起良好的内部环境,那么将有助于内部控制更好地发挥作用,反之可能会导致内部控制非常脆弱甚至无效。

第一节 组织架构

一、组织架构的定义

根据《企业内部控制应用指引第 1 号——组织架构》的定义,组织架构是指企业按照国家有关法律法规、股东(大)会决议、企业章程,结合本企业实际情况,明确董事会、监事会、经理层和企业内部各层级机构设置、职责权限、人员编制、工作程序和相关要求的制度安排。一个企业的组织架构存在缺失或缺陷,其他一切生产、经营、管理活动都会受到影响。组织架构分为治理结构和内部机构两个层面。

1. 治理结构

治理结构即企业治理层面的组织架构,是企业成为可以与外部主体发生各项经济关系的法人所必备的组织基础,它可以使企业成为在法律上具有独立责任的主体,从而使得企业能够在法律许可的范围内拥有特定权利、履行相应义务,以保障各利益相关方的基本权益。公司治理结构可以区分为狭义和广义两个方面,即内部治理结构与外部治理结构。股份有限公司的治理结构如图 2-1 所示。

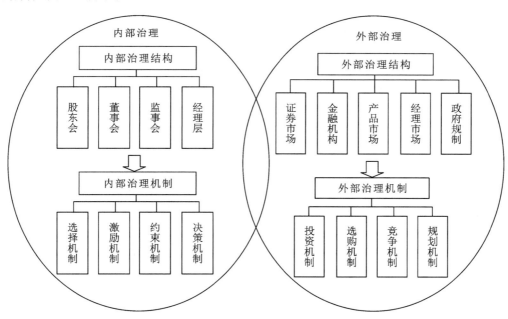

图 2-1 股份有限公司的治理结构

2. 内部机构

内部机构是企业分别设置不同层次的管理人员及其由各专业人员组成的管理团队,针对各项业务功能行使决策、计划、执行、监督、评价的权利并承担相应的义务。

一个现代企业,无论其处于新建、重组改制,还是存续状态,要实现发展战略,都必须把建立和完善组织架构放到首位,否则其他方面都无从谈起。建立和完善组织架构可以促进企业建立现代企业制度,有助于防范和化解各种舞弊风险,并在内部控制制度的建设中起到结构性支撑的作用。

案例分析2-1

"中航油事件"的反思

中航油(新加坡)公司于2001年底获批在新加坡上市。在取得中国航油集团公司授权后,自2003年开始做油品套期保值业务。

回顾整个中航油(新加坡)公司亏损5.5亿美元的过程,事件的本身就能暴露很多潜在的问题。2003年年底,在油价在30～34美元波动的时候,全球几乎所有的分析机构都预测油价会在2004年一、二季度下跌到30美元以下,因此中航油(新加坡)公司卖出了大量2004年全年的油价看涨期权(call option,据悉约200万桶),根据当时的市场情况,预计其期权执行价(strike price)应该在40美元左右,该公司选择的交易对家、交易方式,既有通过经纪公司所做的场内交易,也有与银行财团等金融机构和石油贸易公司所做的场外交易。根据期权交易的原则,在卖出这些期权时,中航油(新加坡)公司收取了一定量的期权权利金,这些权利金也为2003年该公司"令人欣喜"的财务报表做出了贡献。进入2004年,由于种种人为、非人为的因素,油价不跌反涨,一路向上不回头。在这个过程中,中航油(新加坡)公司还没有陷入潜在亏损的状态,但该公司没有及时止损平仓,而是继续加仓至5200万桶,仍然寄希望于油价能够在某一天调头向下。事与愿违,当油价没有丝毫下降迹象时,该公司的信用额度处处告急。

油价在2004年6月之后继续上涨,而此时中航油(新加坡)公司的资金链已经完全断了。当其无法追加保证金、银行信用额度用爆而再也开不出信用证的时候,油价正在其历史高位55美元左右。交易对家依据期权交易的特性执行权利,中航油(新加坡)公司需要给付对家市价与期权执行价之间的差值,中航油(新加坡)公司遭无情逼仓(即强行平仓)。粗算下来,55减40,其交易量大概在5200万桶,暴亏的金额基本就在5.5亿美元左右。最终,中航油(新加坡)公司无力承担,申请破产。

就是这样一个处于上升势头的公司,却发生了让人瞠目结舌的"中航油(新加坡)事件"。从一般企业的发展规律来看,新兴企业在其发展初期必定会经过一个连续的、跳跃式的发展阶段,在这个阶段,企业占领市场、广开门路,发展模式是递进甚至是翻倍的。但当企业的业务逐渐稳定之后,企业进入一个相对稳定的、平衡的发展期,摆在企业领导者面前的,就是如何让公司保持平稳、健康、快速的发展。在这一个过程中,要夯实已有业务,开拓新市场,同时要建立相应的组织结构体系,避免出现"一人独大"的局面。

二、组织架构的设计

1. 组织架构设计的一般原则

组织架构的设计至少应当遵循以下几项原则:

(1)依据法律法规设计。治理结构的设计必须遵循我国《公司法》等法律法规的要求。

(2)组织架构的设计应当以企业发展目标和战略规划为中心和出发点,要有利于企业形成核心竞争力。

(3)组织架构的设计应当考虑企业内部控制的需要,符合管理控制的要求。

(4)组织架构的设计应当与企业的市场环境、行业特征、经营规模等相适应。

2. 治理结构的设计

治理结构包括股东(大)会、董事会、监事会和经理层。企业应当根据《企业内部控制应用指引第1号——组织架构》第四条的要求,按照决策机构、执行机构和监督机构相互独立、权责明确、相互制衡的原则,明确董事会、监事会和经理层的职责权限、任职条件、议事规则和工作程序等。治理结构的职责详见表2-1。

表2-1 治理结构的职责划分

序号	治理层次	具体说明
1	股东(大)会	股东(大)会是股东按照法定的方法和程序,决定投资计划、经营方针、选举和更换董事并决定其报酬等重大事项的权力机构
2	董事会	董事会是企业最高决策机构,接受股东(大)会委托,负责企业发展战略和资产经营,并在必要时撤换不称职的经理人员
3	监事会	监事会是股东(大)会领导下的专司监督的机构,与董事会并立,依法监督企业董事、经理和其他高级管理人员的履职情况
4	经理层	经理层包括经理和其他高级管理人员,由董事会委任,具体负责企业生产、经营、管理工作

上市公司具有重大公众利益,须对投资者和社会公众负责。针对上市公司、国有独资公司,同样要求其进行治理结构的设计时必须遵循有关要求。如上市公司在进行治理结构设计时,应当充分考虑其"公众性"的特点。上市公司治理结构设计的要求详见表2-2。

表2-2 上市公司治理结构设计的要求

序号	治理层次	具体要求
1	独立董事制度	上市公司董事会应当设立独立董事,独立董事由与上市公司及其主要股东不存在妨碍其进行独立客观判断的人员担任;独立董事不得在上市公司担任除独立董事外的其他任何职务;同时独立董事对上市公司及全体股东负有诚信与勤勉义务,应当按照有关法律法规和公司章程的规定独立履行职责

续表

序 号	治理层次	具 体 要 求
2	董事会专业委员会	上市公司董事会应当根据治理需要,按照股东大会的有关决策设立战略决策、审计、提名、薪酬与考核等专门委员会;董事会各专业委员会,审计委员会、薪酬与考核委员会中独立董事应当占多数并担任负责人,审计委员会中至少应有一名独立董事是会计专业人士
3	董事会秘书	上市公司应当设董事会秘书,以及设立由其负责管理的信息披露事务部门,董事会秘书为上市公司高级管理人员,对上市公司和董事会负责,由董事会提名,董事会任命

国有独资公司是我国在利用公司制对国有企业进行制度创新过程中产生的,是我国社会主义市场经济体制中较为独特的一类企业群体,为此,其治理结构的设计应充分反映企业自身的特色。其特殊之处主要表现在以下几个方面。

(1)国有资产监督管理机构代行股东(大)会职权。国有独资公司不设股东(大)会,由国有资产监督管理机构行使股东(大)会职权。国有独资公司董事会可以根据授权部分行使股东(大)会的职权。

(2)国有独资公司董事会成员中应当包含职工代表。国有独资公司董事长、副董事长由国有资产监督管理机构从董事会成员中指定产生。

(3)国有独资公司监事会成员不得少于5人,其中职工代表的比例不得低于1/3。

(4)外部董事由国有资产监督管理机构提名推荐,由任职公司以外的人员担任。

3. 内部机构的设计

内部机构的设计是组织架构设计的关键环节,企业应当结合经营业务特点和内部控制要求进行内部机构设计。企业应当按照科学、精简、高效、透明、制衡的原则,明确各机构的职责权限,避免职能交叉、缺失或权责过于集中,应形成各司其职、各负其责、相互制约、相互协调的工作机制;应当对各机构的职能进行科学合理的分解,确定具体岗位的名称、职责和工作要求等,明确各个岗位的权限和相互关系。尤其应当体现不相容岗位相分离原则,努力识别出不相容职务;应当制定组织结构图、业务流程图、岗(职)位说明书和权限指引等内部管理制度或相关文件,使员工了解和掌握组织架构设计及权责分配情况,正确履行职责;企业的重大决策、重大事项、重要人事任免及大额资金支付业务等,应当按照规定的权限和程序实行集体决策审批或者联签制度。

三、组织架构的运行

组织架构的运行指企业治理结构和内部机构按照既定的设计方案,行使各自权利和履行相应责任的动态过程。对组织架构运行的控制具体包括组织架构的全面梳理和评估调整。

对组织架构运行的控制,首先涉及对新设企业和存续企业治理结构与内部机构的全面梳理。企业应当根据组织架构的设计规范,对现有治理结构和内部机构设置进行全面梳理,确保本企业治理结构、内部机构设置和运行机制等符合现代企业制度要求。

1. 治理结构的梳理

对治理结构的梳理,应当重点关注董事、监事、经理及其他高级管理人员的任职资格和履职情况,以及董事会、监事会和经理层的运行效率。

2. 内部机构的梳理

对内部机构的梳理,应当重点关注内部机构设置的合理性和运行的高效性。内部机构设置的合理性是指企业应当从合理性角度梳理内部机构的设置情况,重点关注内部机构设置对内外部环境的适应性、与实现发展目标的一致性、内部分工的协调性,以及权责分配的对等性等方面。内部机构运行的高效性是指企业应当从高效性角度梳理内部机构的运行情况,重点关注职责分工的效率、权力制衡的效率以及信息沟通与传递的效率。

3. 对母子公司组织架构梳理的特殊要求

企业拥有子公司的,应当建立科学的投资管控制度,通过合法有效的形式履行出资人职责,维护出资人权益,重点关注子公司特别是异地、境外子公司的发展战略、年度财务预决算、重大投融资、重大担保、大额资金使用、主要资产处置、重要人事任免、内部控制体系建设等事项。

企业在对治理结构和内部机构进行全面梳理的基础上,还应当定期对组织架构设计和运行的效率与效果进行综合评价,旨在发现可能存在的缺陷并及时优化调整,使公司的组织架构始终处于高效运行状态。总之,只有不断健全公司法人治理结构,持续优化内部机构设置,才能为企业的内部控制和风险管理奠定扎实基础,才能提升企业经营管理效能,使企业在当前激烈的国内外市场竞争中保持平稳、健康、可持续发展。

四、组织架构设计和运行的主要风险

1. 治理结构层面

治理结构形同虚设,缺乏科学决策、良性运行机制和执行力,可能导致企业经营失败,难以实现发展战略,主要包括股东大会是否规范而有效地召开,股东是否可以通过股东大会行使自己的权利;企业与控股股东是否在资产、财务、人员方面实现相互独立,企业与控股股东的关联交易是否贯彻平等、公开、自愿的原则;与控股股东相关的信息是否根据规定及时完整地披露;企业是否对中小股东权益采取了必要的保护措施,使中小股东能够和大股东同等条件参加股东大会,获得与大股东一致的信息,并行使相应的权利;董事会是否独立于经理层和大股东,董事会及其审计委员会是否有适当数量的独立董事存在,并且能有效发挥作用,董事对于自身的权利和责任是否有明确的认知,并且有足够知识、经验和时间来勤勉、诚信、尽责地履行职责等。

2. 内部机构层面

内部机构设计不合理,权责分配不合理,可能导致机构重叠、职能交叉或缺失、推诿扯皮、运行效率低下。内部机构的关键风险主要从企业内部组织机构是否考虑经营业务的性质,是否按照适当集中或分散的管理方式设置;企业是否对内部组织机构设置、各职能部门的职责权限,组织的运行流程等有明确的书面说明和规定,是否存在关键职能缺位或职能交叉的现象;企业内部组织机构是否支持发展战略的实施,并根据环境变化及时做出调整;企业内部组织机构的设计与运行是否适应信息沟通的要求,是否有利于信息的上传、下达和在各层级、各业务活动间的传递，是否有利于为员工提供履行职权所需的信息；关键岗位员工是否对自身权责有明确的认识，以及是否有足够的胜任能力去履行权责，企业是否建立了关键岗位员工轮换制度和强制休假制度；企业是否对董事、监事、高级管理人员及全体员工的权限有明确的制度规定，对授权情况是否有正式的记录；企业是否对岗位职责进行了恰当的描述和说明，是否存在不相容职务未分离的情况等方面进行具体分析。

案例分析2—2

我们需要一场公司治理革命

假如员工高工资和企业高利润不可兼得，那么员工工资高的公司是好公司，还是利润更高的公司是好公司？涉及这种问题的评判时，就会引出非常有趣的讨论。基于不同的利益和出发点，评判标准肯定不一样。

如果你要找一份好工作，无论是一般职位还是高级管理职位，肯定希望去一个工资更高、更稳健的公司，要是公司能够将利润部分让渡给你，那更是理想状态。但是，如果你要投资一家企业，显然利润更高的公司是一个好的选项。当然，如果公司能够进行利润之外的利益输送，那就更好了。让我们进入国美电器的纷争：在大股东、小股东、董事会、管理层之间显然就存在着这样的冲突。所有人都声称是以公司发展和利益为诉求，这似乎是一场为公司利益而进行的圣战。不过，我们确实可以观察到太多的不一致。

比如说，大股东以经营不善要求问责，要求维护公司利益。但大股东同时也提出：如果其动议未获通过，他们将收回委托给上市公司运营的非上市门店管理权。这是一个两败俱伤的举动，如果是在国美电器公司利益至上的原则下展开博弈，就不应该有这样的诉求。大股东曾被批评试图"工具化国美"。

一些持股量很少的股东，不惜召开新闻发布会来呼吁大家重视公司利益：事实上，在这方面投入的成本，可能远大于其持有的国美电器股权的利益。作为以盈利为目的的商业机构，这方面的诉求令人迷惑。

在国美电器的案例上，相当一部分股东的利益与国美电器的公司利益毫无瓜葛。对于上述的这些股东而言，国美电器是实现他们利益的工具，无论他们的收益是来自差价、利益输送还是其他。

无论最终谁在改组董事会的动议中获胜，国美电器的纷争已经严重地伤害了这家企业。需要注意到，对于管理层而言，国美电器的发展是他们安身立命之本。国美电器的发展状况决定他们的收入水平和社会地位。从这个意义上说，我们更同情当下国美的管理层。国美电器的管理层仍背负着背叛的骂名。

其实这种骂名是毫无根据的。打个极端的比方，即使是在皇帝和宰相的关系下，宰相也有不执行皇帝指令的权利。中国自古有法统和道统一说。宰相自有其行为规范，中国的读书人都以天下为己任，并非以皇家利益至上。当然，皇帝有生杀予夺之权。

在当下的公司治理结构中，以财产权利为基础，公司控制最终都落到了所有者控制这一框架之下。对于一家私人公司而言，这样的架构是合理、有效且理由充分的。但是，对于一家大型公众公司而言，大家已经意识到了这样的控制架构的局限性，但并没有一个机制来保障利益相关人的利益。

比如说，大型公众公司往往历史较长，很多人大半生的价值和精力都投入了这样的机构。

当下的公司治理框架下,又如何反映这些以公司为命的人的诉求?再比如说,在当下公众公司的治理框架下,股东只在意股价的波动和变化。由于法律赋予这群人的权力很大,很多公司采取了以市值为目标的治理。在极端情况下,当公司处于困境的时候,公司以裁员来保障股东的利益。股东承担了有限责任,公司的职员却要以失业为代价为公司承担责任。难道这样的举措就是合理的?从国美电器的纠纷中,表面上看,是一群人在现代公司治理框架下进行的一场公开的博弈,我们同时也看到了,国美电器更多的利益相关人,没有一个表达其诉求的出口,他们是沉默的大多数。或许,基于这群人的利益,我们正需要一场公司治理革命。

第二节 发 展 战 略

一、发展战略的定义

根据《企业内部控制应用指引第 2 号——发展战略》的定义,发展战略是企业在对现实状况和未来趋势进行综合分析和科学预测的基础上,制定并实施的长远发展目标与战略规划。战略的失败是企业最彻底的失败,它甚至会导致企业的消亡。战略是一个学习、思考、实践的过程,战略管理是一门大学问,具体包括战略的分析、选择、制定、实施、监控、评价与调整等环节。

战略又称为"使命""愿景""目的"。为了更好地为企业找准市场定位,为企业执行层提供行动指南,做正确的事,为内部控制设定最高目标,制定合理有效的发展战略是非常有必要的。

1. 发展战略可以为企业找准市场定位

每一个主体都面临来自外部和内部的一系列风险,确定目标是有效的事项识别、风险评估和风险应对的前提。目标与主体的风险容量相协调,它决定了主体的风险容限水平。

2. 发展战略是企业执行层的行动指南

发展战略指明了企业的发展方向、目标与实施路径,描绘了企业未来的经营方向和目标纲领,是企业发展的蓝图,关系着企业的长远生存与发展。企业只有制定科学合理的发展战略,执行层才有行动的指南,其在日常经营管理和决策时才不会迷失方向,才能知晓哪些是应着力做的"正确的事"。

3. 发展战略为内部控制设定了最高目标

促进发展战略实现是内部控制最高层次的目标。一方面,它表明了企业内部控制最终追求的是通过强化风险管控促进企业实现发展战略,另一方面,也说明实现发展战略必须通过建立健全内部控制体系来提供保证。

 案例分析2—3

诺基亚战略失败的原因分析

1. 产品设计低于行业标准

诺基亚 Lumia 产品线设计无太多亮点(如华为 Ascend P1 S 的机身厚度仅 6.68 mm),也缺乏独有功能（摩托罗拉的"摩计算"），与市面上其他智能机相比，没有竞争优势。

2. 诺基亚品牌忠诚度下降

当年的诺基亚老用户，现已转投性能更佳、功能和应用更多的其他产品。同时，诺基亚日益下降的品牌形象，不可能在短时间内进行扭转（"科技以换壳为本"是多数人对诺基亚的刻板印象）。

3. 微软失去移动用户信任

曾经的 PC 巨头，如今的移动小卒。相较于 WP 系统，Android 系统的开源与 iOS 的稳定与安全更受用户青睐（Android 的开放性好，使用者多，其应用下载量紧随 App store）。因此，搭载 WP 系统的诺基亚移动终端终将不受用户待见。

4. WP 7 对企业用户没有吸引力

因为企业用户是移动行业最为重要的客户，但微软无力增强 WP 7 对企业用户的吸引力，使后者纷纷寻求与其他厂商的合作。这对诺基亚大规模进军移动领域是一个瓶颈。

5. Android 平台深受用户欢迎

从苹果、微软先后与拥护 Android 系统的手机厂商三星、摩托罗拉、HTC 的专利纠纷，即可见其司马昭之心，一来遏制日益膨胀的 Android 市场的威胁，二来拓展自身的市场份额与营收。而反观诺基亚 WP 7 智能机，其 Ovi 商店应用数量仅破 10 万，相较 Android 应用市场突破 100 亿次的下载量，可谓"小巫见大巫"。

6. 首发的 WP 7 产品价格低廉

首发于美国的诺基亚 Lumia 710，被 T—Mobile 定制的合约价仅 50 美元。虽然貌似物美价廉，但当使用者发现其性能完全不及售价 200 美元的苹果 iPhone 4S 合约机时，势必削弱诺基亚的产品印象。

7. 诺基亚缺少活动推广

诺基亚难得发布 Lumia 900 的宣传视频，并介绍了包括聚碳酸酯一体机身、4.3 英寸大屏、800 万像素的卡尔蔡司摄像头等。但是，这些卖点早被媒体报道过，却并没有其他吸引人之处。难道诺基亚没有学会"饥渴营销"这招吗？

8. 先推低端产品失去先发优势

按照手机厂商的常规操作，皆是先发布中高端机型，再推低端机型，以期覆盖高、中、低端各级用户。而诺基亚先发 Lumia 710，预先博取低端用户的欢心，却不知道这将给首款诺基亚 WP 7 智能机带来怎样的负面影响。

9. 诺基亚没有炒作的资本

一款产品的热度，除了自身的亮点与性能外，缺不了"炒作"这一绝技。但是诺基亚在联手 T-Mobile 发布 Lumia 710 时，并没有大张旗鼓地对外宣传。

10. 管理层对市场认识不足

虽然 Lumia 710 是一款试水机型，但诺基亚并没有在 CES 2012（2012 年国际消费类电子产品展览会）上推出高端的 Lumia 800 和 Lumia 900，可见管理层并没有做好战略转型的准备。

二、发展战略的制定

(一)建立健全发展战略

企业应当在董事会下设立战略委员会,或指定相关机构负责发展战略管理工作,履行相应职责。战略委员会的主要职责是对企业长期发展战略和重大投资决策进行研究并提出建议,具体包括对企业的长期发展规划、经营目标、发展方针进行研究并提出建议,对企业的产品战略、市场战略、营销战略、研发战略、人才战略等经营战略进行研究并提出建议,对企业重大战略性投资、融资方案进行研究并提出建议,对企业重大资本运作、资产经营项目进行研究并提出建议等。在内部机构中设置专门的部门或指定相关部门,承担战略委员会有关工作。

(二)影响发展战略的内外部因素

从企业发展战略的特征和重要性角度出发,紧密结合企业发展战略的制定过程,从外部环境和内部环境两个方面识别和评估企业发展战略风险。

1. 外部环境

外部环境对公司发展战略的影响主要表现在政治、法律、经济、社会、技术等方面,与经济有关的如价格变动、资本的可获得性,或者竞争性准入的较低障碍,都会导致更高或者更低的资本成本以及出现新的竞争者。政治因素主要包括人口统计、家庭结构、对工作和生活优先考虑的变化,以及恐怖主义活动,它们都会导致对产品或服务需求的变化、新的购买场所和人力资源问题,以及生产中断。技术因素主要包括电子商务的新方式、基础结构成本的降低以及以技术为基础的服务需求的增加,都会对企业发展战略的定位、重点的选择和竞争优势产生显著影响。

2. 内部环境

由企业内部环境引起的战略风险,主要包括管理能力及资源、公司治理结构和管理层、组织机制及适应和调整能力、知识学习能力和创新能力、企业文化及整合能力等因素。企业所拥有的内部战略资源是企业制定和实施发展战略应考虑的主要因素和企业竞争优势的重要来源,因而可以认为企业的战略资源和竞争能力是企业发展战略制定和实施的重要风险因素。由于市场竞争日趋激烈,科学技术发展日新月异,经济社会发展变化迅速,企业所拥有的战略资源和竞争优势也处于一个不断变化的过程中。因此,分析企业拥有的内部资源和能力,应当着重分析这些资源和能力使企业在同行业中处于何种地位,与竞争对手相比,企业有哪些优势和劣势。

(三)科学编制发展战略

发展战略可以分为发展目标和战略规划两个层次。

1. 制定发展目标

发展目标通常包括盈利能力、生产效率、市场竞争地位、技术领先程度、生产规模、组织结构、人力资源、用户服务以及社会责任等。值得注意的是:发展目标应当突出主业,不能过于激进,不能盲目追逐市场热点,不能脱离企业实际,否则可能导致企业过度扩张或经营失败。

2. 编制战略规划

企业应当根据发展目标编制战略规划。战略规划应当明确企业发展的阶段性和发展程度,确定每个发展阶段的具体目标、工作任务和实施路径。战略规划大多是滚动的,是根据企业发展战略目标所制定的阶段性的行动纲领,是企业发展战略目标在特定时期的具体化。

通常公司战略规划的制定是3~5年,在制定时基于公司内外部环境的分析,根据公司使命和目标做出具有前瞻性的长期规划,战略规划解决的是"什么是正确的事",战略执行解决的是"如何做正确的事",把这两者结合起来就是战略管理。战略规划在企业发展战略中扮演着重要角色。企业发展战略目标为企业未来发展确立了一个发展的最高目标,但是要实现这些目标需要企业阶段性的任务规划。编制战略规划包括使用何种手段、采取何种措施、运用何种方法来达到目标。

企业应严格审议和批准发展战略,具体内容包括:
(1)发展战略是否符合国家行业发展规划和产业政策;
(2)发展战略是否符合国家经济结构战略性调整方向;
(3)发展战略是否突出主业,是否有助于提升企业核心竞争力;
(4)发展战略是否具有可操作性;
(5)发展战略是否客观全面地对未来商业机会和风险进行分析预测;
(6)发展战略是否有相应的人力、财务、信息等资源保障。

3. 审议、批准发展战略

发展战略拟订后,企业应当按照规定的权限和程序对发展战略方案进行审议和批准。除了企业的战略委员会和专门负责发展战略管理工作的机构,企业的其他组织机构对公司发展战略制定也应该实施有效的控制。董事会应当严格审议战略委员会提交的发展战略方案,重点关注其全局性、长期性和可行性。董事会在审议时如果发现重大问题,应当责成战略委员会对方案做出调整。

案例分析2—4

南京地王被收回 房地产难成中冶救命稻草

央企中冶拍下的2012年全国总价地王被南京市政府强制收回,中冶的经营问题再次浮现。中国中冶2012年巨亏69.52亿元,成为仅次于中国远洋的亏损榜"探花"。在工程承包、装备制造、资源开发、房地产开发等四个主营业务构成中,中国中冶2012年只有房地产业务实现了营业收入的实际增长。

对比中冶近70亿元的巨亏,房地产开发板块在公司业绩数据上,可谓"一枝独秀"。2012年中冶房地产开发营业收入为252.65亿元,占所有业务板块的比例为11.26%,与此同时,房地产业务20%左右的毛利率也远远领先其他三大业务,因此中冶向房地产领域的投资越来越大。可惜生不逢时,中冶涉足地产业务较晚,已错过了房地产黄金10年,地产业务在公司内也独木难支。

2013年,让中冶更难过的是2012年以56.2亿元天价竞得的全国总价"地王"被收回,公告说因公共利益需要而强制收回地王,这对中冶地产业务的扩张是重大打击。对于中冶来说,暂时唯一可依赖的一块业务也遭受了挫折。

中国中冶2012年巨亏被认为是近年来的多元化扩张所致。一方面,由于历史遗留原因和钢铁行业产能过剩引发上游对冶金工程需求下降,主业面临较大经营压力;另一方面,海外项目拓展并不顺利,中国中冶澳洲项目成本高企,盈利能力大幅削弱。

受钢铁行业宏观调控影响,中冶公司近年来大力推进业务多元化,希望以此提高非冶金工程业务的收入比例,增加资源开发及房地产开发等非工程承包业务对公司业绩的贡献。与此同时,大力拓展海外市场,加强包括冶金、装备、资源开发等方面核心技术的研发。央企希望做大做强,中意多元化发展,这可以理解。但中冶战线太长,管理混乱,最终导致巨亏。

三、发展战略的实施

科学制定发展战略是一个复杂的过程,实施发展战略更是一个系统工程。企业应当加强对发展战略实施的统一领导,制订详细的年度工作计划,通过编制全面预算分解、落实年度目标,确保企业发展战略的实现。

1. 加强对发展战略实施的领导

企业要确保发展战略有效实施,加强组织领导是关键。企业应本着"统一领导、统一指挥"的原则,卓有成效地发挥企业经理层在资源分配、内部机构优化、企业文化培育、信息沟通、考核激励相关制度建设等方面的协调、平衡和决策作用,确保发展战略的有效实施。

2. 将发展战略分解落实

发展战略制定后,企业经理层应着手将发展战略逐步细化,确保"文件上"的发展战略落地变为现实。具体要求有以下几项:

(1)根据战略规划制订年度工作计划。

(2)按照上下结合、分级编制、逐级汇总的原则编制全面预算,将发展目标分解并落实到产销水平、资产负债规模、收入及利润增长幅度、投资回报、风险管控、技术创新上,使发展目标能够真正有效地指导企业各项生产经营管理活动。

(3)进一步将年度预算细分为季度、月度预算,通过实施分期预算控制促进年度预算目标的实现。

(4)通过建立发展战略实施的激励约束机制,将各责任单位年度预算目标完成情况纳入绩效考评体系,切实做到有奖有惩、奖惩分明,以促进发展战略的有效实施。

3. 保障发展战略有效实施

发展战略的实施过程是一个系统的有机整体,需要研发、生产、营销、财务、人力资源等各个职能部门间的密切配合。企业应当采取切实有效的保障措施,确保发展战略的顺利贯彻实施。

(1)培育与发展战略相匹配的企业文化。

(2)优化调整组织结构。企业必须在发展战略制定后,尽快调整企业组织结构、业务流程、权责关系等,以适应发展战略的要求。

(3)整合内外部资源。企业在战略实施过程中,只有对拥有的资源(人力、财力、物力和信息)进行优化配置,达到战略与资源的匹配,才能充分保证战略的实现。

(4)调整管理方式。如由粗放、层级制管理向集约、扁平化管理转变,为发展战略的有效实施提供强有力的支持。

4. 做好发展战略宣传培训工作

企业应当重视发展战略的宣传培训工作,为推进发展战略实施提供强有力的思想支撑和行为导向。

（1）在企业董事、监事和高级管理人员中树立战略意识和战略思维，充分发挥他们在战略制定与实施过程中的模范带头作用。

（2）通过采取内部会议、培训、讲座、知识竞赛等多种行之有效的方式，把发展战略及其分解落实情况传递到企业内部各管理层级和全体员工，营造战略宣传的强大舆论氛围。

（3）企业高管层要加强与广大员工的沟通，使全体员工充分认清企业的发展思路、战略目标和具体举措，自觉将发展战略与自己的具体工作结合起来，促进发展战略的有效实施。

企业制定与实施发展战略至少应当关注下列风险：

（1）缺乏明确的发展战略或发展战略实施不到位，可能导致企业盲目发展，难以形成竞争优势，丧失发展机遇和动力；

（2）发展战略过于激进，脱离企业实际能力或偏离主业，可能导致企业过度扩张，甚至经营失败；

（3）发展战略因主观原因频繁变动，可能导致资源浪费，甚至危及企业的生存和持续发展。

案例分析2—5

中国工商银行战略实施的成功

经过多年发展，中国工商银行的总资产、总资本、核心资本、营业利润等多项指标都居国内业界前列，在中国金融市场上有着无可比拟的优势：

1. 全面的电子银行服务

中国工商银行由自助银行、电话银行、手机银行和网上银行构成的电子银行立体服务体系日益成熟，电子银行业务交易额迅速增长，五年内营业额增长了20倍，是中国国内最大的电子商务在线支付服务提供商。

2. 布局合理的营销网络，广泛而优质的客户基础

中国工商银行通过21 000多家境内机构、100家境外分支机构和遍布全球的上千家代理机构，以领先的信息科技和电子网络，向八百多万法人客户和1亿多个人客户提供包括批发、零售、电子银行和国际业务在内的本外币全方位金融服务。

3. 多元化的业务结构，产品优势明显，创新能力强

通过信贷行业、客户和地区结构的调整，中国工商银行巩固了优质的公司和机构业务市场，成功争取了多项全国重点建设项目，新开发一批跨国公司、大型优质企业和机构客户，拓展了优质中小企业市场。

四、发展战略的动态调整

在发展战略实施中，要及时根据市场情况调整和改善公司发展战略，这是危机管理体系的核心内容，因为世界上所有的事物都在变化之中，要在遵守发展战略基本原则的基础上根据市场情况及时进行调整。战略委员会应当加强对发展战略实施情况的监控，定期收集和分析相关信息，对于明显偏离发展战略的情况，应当及时报告，以便对发展战略进行修正。

由于经济形势、产业政策、技术进步、行业状况以及不可抗力等因素发生重大变化，企业的发展战略也需要做出及时调整。企业的战略思想、战略步骤、战略业务组合及战略重大指标必

须保持基本稳定,具体战略时间安排、细分指标确立、不同的细分业务及客户管理则可以根据市场状况进行动态调整。企业的发展战略选择必须与其战略环境及内部资源相匹配,正确的发展战略选择和实施也是一个不断针对变化的环境与资源能力不断重新调整匹配的过程。

尽管发展战略会根据需要进行调整,但只要不是重大的调整,其主要战略目标与措施不应该有太大的变动,即发展战略必须保持一致性和连贯性,发展战略调整后还能支持原战略目标的实施。调整后的发展战略应当是在原来战略基础上的局部修整,其战略步骤要在原战略实施的条件下进行,不能脱离基础进行调整,即战略调整的幅度与范围是可控的,是在公司现有资源下的有效调整。调整发展战略要充分考虑公司的实际资源情况,不能超越企业现状,致使发展战略失去资源的支撑。

案例分析2-6

四十不惑:战略调整永远在路上

2019年4月29日,创业四十年,雅戈尔在年报中宣布,将对发展战略做出重大调整:将不再开展非主业领域的财务性股权投资,并将择机处置既有项目。品牌服装、地产开发和投资业务是雅戈尔的三驾马车。截至2018年年末,雅戈尔实现归属于上市公司股东的净利润36.76亿元,较上年同期增长1139.14%,其中投资业务实现投资收益32.07亿元,归属上市公司股东净利润17.9亿元,仍占雅戈尔近一半的净利润。

2016年,雅戈尔提出要形成战略投资和财务投资相结合的战略性稳健型投资体系。2017年,雅戈尔要推动投资业务逐步从横向多元化的财务性投资向纵向专业化的战略性投资转型。2018年,雅戈尔首次明确除战略性投资和继续履行投资承诺外,将不再开展非主业领域的财务性股权投资。

"在百年未遇的世界变局中,将围绕'智能制造、智慧营销、生态科技'三位一体建设,把雅戈尔建成世界级的时尚集团!"但必须看到,在科技日益发展、社会变化日新月异的今天,雅戈尔与高科技企业相比,尚有非常大的差距。

第三节 人力资源

案例分析2-7

贾厂长的人力资源管理模式

贾炳灿原是上海高压油泵厂厂长,治厂有方,使该厂连获"行业排头兵"与"优秀企业"称号,已是颇有名望的管理干部了。这次是他主动向局里请求,调到问题较多的液压件三厂。局里对他能迅速改变该厂的落后面貌寄予厚望。贾厂长到任不久,就发现原有厂纪厂规中确有不少不合理之处,需要改革。但他觉得先要找到一个能引起震动的突破口,并能改得公平合理,令人信服。

终于他选中了一条。原来厂里规定,本厂干部和工人凡上班迟到者一律扣当月奖金1元。

他觉得这条规定貌似公平,其实不然。因为干部们发现自己要迟到了,便先去局里或公司走一圈再来厂里,有个堂而皇之的因公迟到借口免于受罚,工人则无借口可依。厂里400多人,近半数是女工,作为孩子妈妈,家务事多,早上还要送孩子上学,有的甚至得抱孩子来厂里托管。本厂未建家属宿舍,工人散住在全市各地,远的途中要换乘一两趟车;还有人住在浦东,要摆渡上班。碰上堵车、停渡和雨、雪、大雾天气,尽管提前很早出门,仍难免迟到。他们想住在工厂附近,无处可住;要调往住处附近的工厂,又很难成功,女工更难办。所有这些,使迟到不能责怪工人。贾厂长认为应当从取消这条厂规下手改革。有的干部提醒他,莫轻举妄动,此禁一开,纪律松弛,不可收拾;又说别的厂还设有考勤钟,迟到一次扣10元,而且是累进式罚款,第二次罚20元,第三次罚30元,我厂才扣1元,算个啥?

贾厂长斟酌再三,认为这条一定得改,因为一元钱虽少,但工人觉得不公、不服,气不顺,就会影响工作积极性。于是在3月末召开的全厂职工大会上,他正式宣布:从4月1日起,工人迟到不再扣奖金,并说明了理由。这项政策的确引起了全厂的轰动,工人们报以热烈的掌声。

不过贾厂长又补充道:"迟到不扣奖金,是因为常有客观原因。但早退则不可原谅,因为责在自己,理应重罚;所以凡未到点而提前洗手、洗澡、吃饭者,要扣半年奖金!"这有时等于几个月的工资啊。贾厂长觉得这条补充规定与取消原规定同样公平合理,但工人们却反应冷淡。

新厂规颁布不久,发现有7名女工提前2分钟至3分钟不等去洗澡。人事科请示怎么办,贾厂长断然说道:"按照厂规扣她们半年奖金,这才能令行禁止嘛。"于是处分的告示贴了出来。次日中午,贾厂长偶然路过厂门,遇上了受罚女工之一的小郭,问她:"罚了你,服气不?"小郭不理而疾走,贾厂长追上几步,又问。小郭悻悻然扭头道:"有什么服不服?还不是你厂长说了算!"她一边离去一边喃喃地说:"你厂长大人可曾去女澡堂看过,那儿像啥样子?"

贾厂长默然。他想:"我是男的,怎么会去过女澡堂?"但当天下午趁澡堂还没开放,他跟总务科长老陈和工会主席老梁一块儿去看了女澡堂。原来这澡堂低矮狭小,破旧阴暗,一共才设有12个淋浴喷头,其中还有3个不太好使。贾厂长想,全厂194名女工,分两班工作,每班有近百人,淋一次浴要排多久的队?下了夜班洗完澡,到家几点了?第二天一早还有家务活要干呢。她们对早退受重罚不服,是有道理的。看来这条厂规制定时,对有关情况欠缺调查了解……

下一步该怎么办?处分告示已经公布了,难道收回不成?厂长新到任制定的厂规,马上又取消或更改,不就等于厂长公开认错,以后还有何威信?私下撤销对她们的处分,以后这条厂规就此不了了之,行吗……

贾厂长皱起了眉头。

问题:(1)贾厂长是以一种什么样的人性观来对待员工的?

(2)如果你是贾厂长,你准备怎样对待员工?你会采用什么样的激励手段和管理方式?

一、人力资源的定义

人力资源是指企业组织生产经营活动而录(任)用的各种人员,包括董事、监事、高级管理人员和全体员工,本质上是企业中各类人员的脑力和体力的总和。

人力资源政策是招聘和保留有能力的人员,以使公司计划得以执行、目标得以实现的重要政策。人力资源是企业建立和完善内部控制的"基石",因此只有通过合理的人力资源管理,才能从根本上解决企业经营中不协调、不统一的问题,才能够有效地提升企业的管理水平,提高企业的经营效益和效率。良好的人力资源管理,能够有效地促进内部控制在企业中的顺利实施,并保证其实施的质量。企业应当制定和实施有利于企业可持续发展的人力资源政策。

二、人力资源管理的主要风险与控制

1. 人力资源管理的主要风险

人力资源管理至少应当关注的几项重要风险。

(1)人力资源缺乏或过剩,结构不合理、开发机制不健全,可能导致企业发展战略难以实现。

(2)人力资源激励约束制度不合理、关键岗位人员管理不完善,可能导致人才流失、经营效率低下,或关键技术、商业秘密和国家机密泄露。

(3)人力资源退出机制不当,可能导致法律诉讼或企业声誉受损。

2. 主要风险的控制

企业在建立与实施人力资源政策内部控制时,至少应强化对下列关键事项或者关键环节的控制,从而有效防范主要风险。

(1)岗位职责和任职要求明确规范,人力资源需求计划科学合理。

(2)招聘及离职程序规范,人员聘用引入竞争机制,培训工作能够提高员工道德素养和专业胜任能力。

(3)人力资源考核制度科学合理,能够引导员工实现企业目标。

(4)薪酬制度能保持和吸引优秀人才,并符合国家有关法律法规的要求,薪酬发放标准和程序科学规范。

三、人力资源的引进与开发

企业人力资源部门应根据企业发展战略目标和发展战略规划,制定企业的人力资源规划,并考虑政府的劳工政策和与劳工相关的政策问题,制定本企业的人事政策。要对企业内部各项工作进行统筹分析,并计算各工作所需人数,列明工作特性及其必须具备的相关能力和学历条件等,在此基础上编制和调整企业职务编制计划,设计和调整组织架构、职务设置、职位描述和职务要求等,编制人员配置计划,确定每个岗位的人员数量构成。同时,人力资源部门还要分析本企业目前和未来的人力资源需求情况,预测人员退休、升迁、调职和流动率情况,分析本企业内部和外部人力资源供给状况,并预测未来的趋势,规划各部门的人力资源需求,并据此制定人力资源引进和培训计划。

(一)人力资源的引进

1. 人员招聘

人力资源部门根据审定后的年度人力资源需求计划,拟订企业招聘实施方案。在实施方案中,要能够明确各岗位的职责权限、任职条件和工作要求,遵循德才兼备、以德为先和公开、公平、公正的原则,通过公开招聘、竞争上岗等多种方式选聘优秀人才,重点关注选聘对象的价值取向和责任意识。

在遴选到一定的后备人员后,人力资源部门对应聘者的各项数据进行初步审核,审阅应聘者的学历、经验是否符合岗位所需,初步淘汰资格不合格者。此后,将审核通过的应聘者资料转交用人部门进一步审核。根据情况,由人力资源部门主导,对初审合格者进行各项测验,测验项目包括性格测验、智力测验、专业技能测验和专业科目测验等。除此之外,要对应聘者思想道德素质进行重点考核,确保所选拔的人员德才兼备。对测验合格者,在条件许可的情况下,根据应聘人员应聘岗位的重要性,决定是否对拟录用人员进行复试,以减少招聘风险。

企业所需要的人力资源可具体分为高级管理人员、专业技术人员、一般员工。对高级管理人员的引进,主要通过公开选拔、竞争上岗和组织选拔以及综合上述方式的推荐、测评、票决等方式,其中公开选拔、竞争上岗这两种方式由于引入竞争机制,体现了"公开、平等、竞争、择优"的原则,能拓宽用人的视野,有利于优秀人才脱颖而出。对高级管理人员的引进流程如图 2-2 所示。

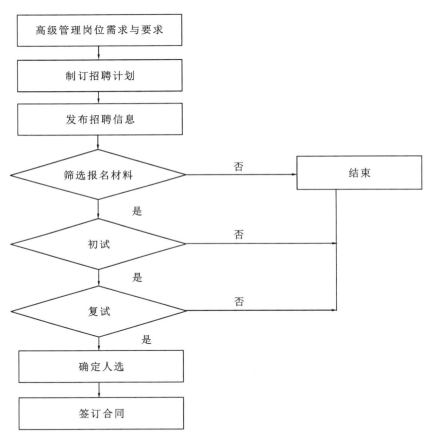

图 2-2　高级管理人员引进流程

对专业技术人员的引进主要采取外部招聘方式进行,包括发布广告、借助中介机构、上门招聘、熟人推荐以及网络招聘等。一般员工占据企业人力资源的大部分,主要任职于企业生产经营的一线,是企业年度人力资源引进工作的重要内容。一般员工通常具有高流动性、更多关注短期物质激励、群体效应等特点,一般员工的引进方式和专业技术人员的引进方式基本一致。

2. 建立劳动关系

企业通过与员工签订劳动合同的形式确立劳动关系,并依据《中华人民共和国劳动法》和企业劳动合同管理办法等管理规定对员工实施必要的管理。对于涉及商业秘密、核心技术等企业,应与员工在劳动合同中约定企业的商业秘密和与知识产权相关的保密事项。

在确定劳动关系时,企业可以通过签订竞业禁止协议,约定员工在双方劳动关系存续期间,甚至离职以后在一定的时间、区域内对企业的商业秘密具有保密义务,不得兼职从事与用人单位相同或者类似业务的竞争性行为。

(二)人力资源的开发

企业应当重视人力资源开发工作,建立员工培训长效机制。培训是企业提高员工素质、增强企业人力资源竞争力的重要方式。企业每年都应该制定企业员工培训工作的具体规定等有关规章制度,并下达培训工作计划,有针对性地组织业务和知识培训,确保员工技术素质和业务能力达到岗位工作要求。企业除了要对新进员工进行培训外,还应对在职员工进行有计划的培训。

人力资源部门于每年预算编制前,审核及综合协调各部门的培训计划,并根据公司的人力资源计划,编制全年度的培训计划,报上级批准,作为企业培训计划实施的依据。各项培训统一由人力资源部根据培训计划实施,并负责培训的全部事宜。

人力资源开发根据不同层次、不同职务,可采用岗前开发培训、在岗开发培训、高岗开发培训、员工业余自学等。不同类别人才的培训要求详见表2-3。

表2-3 不同类别人才的培训要求

序号	人才类别	要求
1	高级管理人员	按照高级管理人员从事的工作内容及岗位职责要求,高级管理人员的培训与开发应该更注重概念技能和人际技能的挖掘与提升;这就要求对高级管理人员的培训开发要把企业家精神、创新思维、战略决策、领导能力以及公关关系等方面放在重要的位置,以提升高级管理人员的岗位胜任能力和履职水平;此外,在高级管理人员的开发过程中要注重激励和约束相结合,创造良好的企业环境,让高级管理人员的聪明才智充分显现,真正成为企业的核心领导者
2	专业技术人员	按照专业技术人员从事的工作内容及岗位职责要求,注重知识持续更新,紧密结合企业技术攻关及新技术、新工艺和新产品开发来开展各种专题培训,帮助专业技术人员不断补充、拓宽、深化和更新知识;同时要建立良好的专业人才激励约束机制,努力做到以事业、待遇、情感留人
3	一般员工	按照一般员工从事的工作内容及岗位职责要求,对一般员工的培训开发要把岗位知识技能、执行力、人际沟通等方面放在重要的位置,以提升一般员工的岗位胜任能力和履职水平,带动企业人力资源总体素质的提升

四、人力资源的使用与退出

(一) 人力资源的使用

1. 设置科学的业绩考核指标体系

企业应当建立和完善人力资源的激励约束机制，设置科学的业绩考核指标体系，对各级管理人员和全体员工进行严格考核与评价，以此作为确定员工薪酬、职级调整和解除劳动合同等的重要依据，确保员工队伍处于持续优化状态。

良好的业绩考核首先要设置一个全面的业绩考核体系，业绩考核体系包括组织业绩考核管理与人员业绩考核管理。由人力资源部门牵头成立业绩考核项目小组，小组确定关键业绩考核指标及指标权重，并反馈给各部门征求意见。各部门提出部门及员工的关键业绩考核指标修改意见，人力资源部门进行汇总，再根据对企业整体发展战略、经营目标的分析，做出关键业绩指标与权重的设计和调整，同时拟订实施业绩考核办法的细则，报公司管理层审批。实施细则审批通过后，人力资源部门向各单位和员工宣布业绩考核的标准与实施细则。人力资源部门负责日常的观察、记录和评估，讨论单位、部门和员工的业绩与成果。根据考核结果，评定奖金，并将考核结果存档作为员工晋升、降级及参加培训计划的参考。

2. 制定合理的薪酬体系

企业薪酬体系的两大核心是薪酬水平与薪酬结构，人力资源薪酬风险也主要体现在这两个方面，即薪酬水平风险和薪酬结构风险。通俗地讲，薪酬水平就是薪酬的高低，衡量它的主要标准就是薪酬的公平性。薪酬公平性又分为内部公平与外部公平。内部不公平会造成员工之间的相互猜疑与不满，影响大家的积极性，进而造成不好的工作氛围；外部不公平会使员工无法安心在本单位工作，导致核心员工的流失。薪酬结构风险是固定薪酬与浮动薪酬比例的确定所存在的风险。浮动薪酬比例过高，在给员工形成激励的同时也带来了极大的压力，造成薪酬的不确定性，使员工缺乏安全感。而在固定薪酬过高的情况下，员工的安全感固然提升了，但激励性可能就要差一些。

企业在确定员工的薪酬水平时，要事先了解外部市场薪酬状况，包括相同地区企业薪酬水平、同行业薪酬水平，有条件的企业可以选择开展系统性的薪酬调查。另外，在确定固定薪酬与浮动薪酬的比例时，企业可以按岗位工作性质与特征将所有岗位分为多个序列，如一般管理序列、职能管理序列、营销序列、技术序列、技能操作序列等，不同序列可以设置不同的固定薪酬与浮动薪酬比例，以满足员工的不同要求。

在具体实施时，首先由企业各部门评估企业现有职位，分析职位的性质和内容。人力资源部门参考各部门呈报的职位评估意见，结合市场薪酬调查情况制定职位分级原则和薪酬水平与结构，报公司管理层审批。人力资源部门根据审批结果，修正薪酬体系。各业务部门根据职位实际情况和员工表现，提出个人薪酬的调整建议。最后，人力资源部门汇总整理薪酬资料的分析结果，综合各部门提出的薪酬调整建议和员工绩效考核结果，向总经理提出薪酬建议。经批准后，企业再执行这一薪酬体系。

3. 制定定期轮岗制度，全面提升员工素质

企业应当制定各级管理人员和关键岗位员工定期轮岗制度，在人才的使用过程中，要能够注重策略，尊重人才成长规律，善于克服人力资源管理的"疲劳效应"，适时地调整岗位，明确轮岗制度、轮岗周期、轮岗方式等,形成相关岗位员工的有序持续流动,全面提升员工素质。

（二）人力资源的退出

建立企业人力资源退出机制是实现企业发展战略的必然要求。人力资源的退出必须以科学的绩效考核机制为前提,同时还需要相关的环境支撑。

（1）在观念上将人员退出机制纳入人力资源管理系统和企业文化之中,使人力资源退出从计划到操作成为可能,同时获得员工的理解与支持。

（2）要建立科学合理的人力资源退出标准,使人力资源退出机制程序化、公开化,有效消除人力资源退出可能造成的不良影响。

（3）人力资源退出一定要建立在遵守法律法规的基础上,严格按照法律规定进行操作。一方面,退出办法要根据相关法律的规定制定,要有书面材料记录员工的相关行为,使员工的退出证据充分,另一方面,在实施退出时,要做好沟通工作,按法律规定给予退出员工相应的补偿。

案例分析2—8

西门子人才招聘和使用的经验

作为一家著名跨国企业,西门子给人们的印象是技术很高,十分专业。在招聘人才的时候,西门子要求应聘者有过硬的业务能力。西门子对应聘者的专业要求是比较严格的,但是对专业的要求不是指学历,即使是大学本科毕业,对于西门子来说,绝大多数岗位都是适合的。当然也有一些岗位会对学历有较高的要求,主要是研发岗位,这些岗位对研究能力有更高的要求,相对而言,硕士、博士招聘得更多。

高学历在西门子招聘人才时不存在天然的优势。在招聘人才时,西门子人力资源部门有明确的"人才素质模式",该模式反映了西门子对人才的要求。它包括三个方面:一是知识;二是经验;三是能力。知识包括专业理论知识、商务知识和市场知识;经验包括本专业领域的实际经验、项目经验、领导经验、跨文化经验。能力主要指四个方面的能力:推动能力、专注能力、影响能力、指导能力。西门子在招聘人才、考核人才时一贯使用的就是这一模式。西门子认为,人才素质应包括知识、经验、能力三方面,在这三方面,最重要的是能力,其次是经验,最后才是知识。硕士、博士相对于本科生在知识上占一定优势,而且这种优势更多的是在理论知识层面。

西门子对"什么是人才"有着真正的理解。企业家和管理者把企业、事业当作自己的生命,他们从心底里希望把企业办好,这需要一流的人才,要注重全面考核人才的素质。对于刚刚毕业的大学生,西门子则很少考察他们的经验,也不会简单地将他们的实习经历作为经验来考核。比如在招聘一名人力资源部门的员工时,西门子首先会考核人事方面的基本知识,比如怎么进行招聘、怎样发展员工。然后,更重要的是考核他的能力,从构成能力的四大方面选出几项核心能力指标,作为面试的主要内容。西门子人力资源部门有一个题库用来考核各种能力。人力资源部门员工应该具有的核心能力是分析能力、沟通能力以及以客户为导向的能力。而对于一名会计来说,其核心能力就会有所不同,比如要具备以结果为导向的能力、质量意识等。

西门子在提高人才能力方面的措施分为战术和战略两个层面。战术性措施主要有为员工提供自我发展课程,教会他们如何认识自我等;战略性措施主要通过人力资源评估、针对性的培训,引导员工朝自己希望的方向发展。在绩效考核方面,西门子不实施末位淘汰,也不会按照某一比例对某个部门进行人员调整。因为在西门子看来,数字看上去很科学,其实有很多不科学的东西。有的团队本来是个很好的团队,每个人都扮演着十分重要的角色,因为末位淘汰,可能把整个团队给毁了。而且,每个部门的业绩表现不一样,也不可能统一按比例进行人员调整。西门子进行细致入微的人力资源管理。每年,西门子都要对每个员工进

行一次十分系统的评估,指出他的优点和不足之处,同时,根据个人的发展潜力和业绩,对员工的进一步发展做出规划。

第四节 社会责任

一、社会责任的定义及履行责任的必要性

1. 社会责任的定义

社会责任,是指企业在经营发展过程中应当履行的社会职责和义务,主要包括安全生产、产品质量(含服务)、环境保护与资源节约、促进就业、保护员工合法权益等。良好的社会责任不仅有助于增强企业的影响力,而且可以对员工形成积极的暗示,即可以提供推进内部控制的环境建设,而内部控制的设计与实施同样需要社会责任的督促与保障。

2. 企业履行社会责任的必要性

(1)企业创造利润或财富与履行社会责任是统一的有机整体。

(2)企业履行社会责任是提升发展质量的重要标志,也是实现可持续发展的根本所在。

(3)企业履行社会责任是打造和提升企业形象的重要举措。

案例分析2—9

销售劣质毛毯

2015年5月25日,上海市纤检执法机构接到某学校学生家长举报,称该学校销售给新生使用的毛毯有质量问题,在向学校后勤部门及信访办反映后,未得到明确答复,遂向有关执法机构投诉。执法人员根据举报信息,立刻对该学校相关校区进行执法检查,并进行了抽样检测,检验结果为:毛毯中的填充纤维含禁用原料(工业废料)。从以往有关执法部门处理的"黑心棉"案子中,伪劣的絮棉制品通常是棉胎和枕头,一般是用工业下脚料加工而成,颜色呈灰黑色或杂色,有大量的粉尘、短纤维、布丝和纱头。用肉眼就能直接看到。而在此案中,该毛毯正反两面均是腈纶面料,内层夹着薄薄的填充纤维,较难感觉到填充料的存在,因此这类产品很容易蒙混过关,真可谓"金玉在外,败絮其中"。为什么企业能够不管学生的健康,出售不符合质量要求的毛毯,专家认为,处罚力度偏小、违法成本低是一些企业"无所畏惧"的原因。

保证产品质量、维护消费者的利益是企业从事生产经营活动最基本的社会责任。那些社会责任意识淡薄、社会责任履行不到位的企业必定会被推向社会舆论的风口浪尖,最后必将为其社会责任的不作为买单。因此,企业必须积极履行社会责任,控制舆论风险,为企业营造一个和谐友好的舆论环境。

二、企业应当履行的社会责任

(一)安全生产

安全生产主要是保护劳动者在生产过程中的安全,很多企业由于不重视安全生产,带来如企业安全主体责任不落实、企业安全投入不足、企业员工缺乏安全意识等风险,因此针对安全生产的社会责任,企业应采取有效的防范措施:

1. 建立安全生产管理机构

企业应当依据国家有关安全生产方面的法律法规及相关规定,结合本企业生产经营的特点,建立健全安全生产方面的规章制度、操作规范和应急预案。

2. 不断加大安全生产投入和经常性维护管理

(1)企业一定要重视安全生产投入,将员工的生命安全视为头等大事,加大安全生产的技术更新,保证投入安全生产所需的资金、人力、物力及时和足额到位。

(2)企业还应组织开展生产设备的经常性维护管理,及时排除安全隐患,切实做到安全生产。

3. 开展员工安全生产教育,实行特殊岗位资格认证制度

(1)加强对员工的安全生产教育至关重要。通过培训教育,让员工牢固树立"安全第一、预防为主"的思想,提高他们防范灾害的技能和水平。培训教育应当经常化、制度化,做到警钟长鸣,不能有丝毫放松和懈怠。

(2)对于特殊作业人员和特殊资质要求的生产岗位,因工作中接触的不安全因素较多,危险性较大,容易发生事故,必须依法实行资格认证制度,持证上岗。

4. 建立安全生产事故应急预警和报告机制

(1)企业必须建立事故应急处理预案,并建立专门的应急指挥部门,配备专业队伍和必要的专业器材等。

(2)在发生安全生产事故时做到临危不乱,按照预定程序有条不紊地处理安全生产事故,尽快消除事故产生的影响,同时按照国家有关规定及时报告,不得迟报、谎报和瞒报。

(3)安全生产必须实行严格的责任追究制度。

(二)产品质量

产品质量是产品和服务满足消费者规定需要和潜在需要的特征属性综合。成功的企业无一例外都十分重视产品和服务的质量。为保障产品质量,企业可以采取以下措施:

1. 建立健全产品质量标准体系

企业应当根据国家法律法规规定,结合企业产品特点,制定完善产品质量标准体系,包括生产设备条件、生产技术水平、原料组成、产品规格、售后服务等。

2. 严格质量控制和检验制度

(1)从原材料进场一直到产品销售等各个环节和流程,都必须有严格的质量控制标准做保证。

(2)企业必须加强对产品质量的检验,严禁未经检验合格的产品流入市场。

3. 加强产品售后服务

(1)企业应当把售后服务作为制定有效竞争策略、提高服务质量的重要手段,重视和加强售后服务,创新售后服务方法,力争做到件件有结果、有分析、有整改、有考核。

(2)对有缺陷的产品,应当采取及时召回、实行"三包"等措施,赢得消费者对企业产品的信赖和支持,维护消费者合法权益。

(三)环境保护与资源节约

中国面临着环境污染、生态恶化、自然灾害频发等环境问题,这些问题带来了环境法律法规、行业政策的限制,推崇绿色贸易壁垒的设置,生产技术、管理水平的限制等风险,为了解决这些风险,可以采取如下措施:

1. 转变发展模式,发展循环经济

(1)企业要想在快速增长中突破资源与环境的双重约束,在市场竞争中争取主动,就必须转变发展方式,重视生态保护,调整产业结构,发展低碳经济和循环经济。

(2)加大对环保工作的人力、物力、财力投入和技术支持,不断改进工艺流程,加强节能减排,降低能耗和污染物排放水平,实现清洁生产。

(3)加强对废气、废水、废渣的自行回收、利用和处置等综合治理,推动生产、流通和消费过程中对资源的减量化、再利用、资源化,以最小的资源消耗、最少的废物排放和最小的环境代价换取最大的经济效益。

2. 着力开发利用可再生资源

企业应不断增强自主创新能力,通过技术进步推动替代技术和发展替代产品、可再生资源,降低资源消耗和污染物排放。

3. 建立完善监测考核体系,强化日常监控

(1)企业应建立环境保护和资源节约监测考核体系,完善激励与约束机制,明确责任,各司其职、各尽其责,严格监督,落实岗位责任制,保证环境保护和资源节约等各项工作落到实处。

(2)企业要加强日常监控,定期开展监督检查,发现问题后及时采取措施予以纠正。发生紧急、重大环境污染事件时,应当立即启动应急机制,同时根据国家法律法规规定及时上报,并依法追究相关责任人的责任。

(四)促进就业

促进就业是企业社会责任的重要体现。坚持以人为本,尊重和保护员工的各项合法权益,是企业经营的基本原则,因此,为更好地促进就业,企业要做到以下几点:

(1)应当以宽广的胸怀接纳各方人士,为国家和社会分担就业压力,促进充分就业。

(2)在各级政府培训提高劳动者专业技能和素质、鼓励企业扩大就业方面给予税收等优惠待遇的同时,企业应结合实际需要,转变陈旧或功利的用人观念,在满足自身发展的情况下,公开招聘、公平竞争、公正录用,为社会提供尽可能多的就业岗位。

(3)企业在录用员工时,不能因民族、种类、性别、宗教信仰不同而歧视员工,要保证劳动者依法享有平等就业和自主择业的权利。

(五)保护员工合法权益

员工是企业生存发展的内在动力。企业应当尊重员工,关爱员工,维护员工权益,促进企

业与员工的共同发展。企业履行保护员工合法权益包括以下几个方面的措施:

1. 建立完善科学的员工培训和晋升机制

(1)培训的目的是让员工得到尽快发展。

(2)保证晋升对每个人公平、公正。

(3)对不同员工进行个性化的培训,保证员工及时获得必要的知识储备,通过公平竞争和优越的机会吸引大批有能力的员工为企业服务。

2. 建立科学合理的员工薪酬增长机制

(1)建立科学有效的薪酬正常增长机制,最大限度地激发员工工作热情、敬业精神和工作绩效。

(2)员工工资等薪酬应当及时发放,员工各类社会保险应当及时足额缴纳,不得无故拖欠和克扣。

(3)重视和关注并积极缩小高管人员薪酬与员工的收入差距,促进企业高管人员与员工的薪酬有机协调统一。

3. 维护员工的身心健康

(1)关心员工身体健康,保障员工充分的休息休假权利,广泛开展娱乐休闲活动。

(2)加强职工代表大会和工会组织建设,通过企业内部员工热线、信访接待、内部媒体、员工建议箱等渠道,保证员工与企业上层的信息畅通,帮助员工减压,不断提高员工的身体素质。

(3)加强对职业病的预防、控制和消除,定期安排员工体检,建立职业健康档案等,预防、控制并有效消除职业危害,确保员工身心健康。

(六)重视产学研用结合

企业应当重视产学研用结合,牢固确立企业技术创新主体地位,把产学研用结合的基点放在人才培养方面。

(1)企业应充分运用市场机制和手段,积极开展与高校和科研场所的战略合作,联合创新国家重点实验室、工程中心等研发和产业化基地,实行优势互补,激发科研机构的创新活力。

(2)企业要重视和加强与高校、科研院所的人才培养和交流,加速科技成果的转化和产业化。同时,促进应用型人才的培养,确保企业发展中亟须的人才不断得到补充。

(七)支持慈善事业

社会责任要求企业积极支持慈善事业,扶助社会弱势群体。企业在关注自身发展的同时,应当勇于承担社会责任,积极支持慈善事业,奉献爱心,扶助社会弱势群体,把参与慈善活动作为创新产品和服务的潜在市场,将慈善行为与企业发展目标有机地联系起来。

(八)企业履行社会责任面临的主要风险

(1)企业的社会责任意识较为淡薄,安全生产措施不到位,责任不落实,可能导致企业发生安全事故。

(2)产品质量低劣,侵害消费者利益,可能导致企业巨额损失、形象受损,甚至破产。

(3)环境保护投入不足,资源耗费大,造成环境污染或资源枯竭,可能导致企业巨额损失、缺乏发展后劲,甚至停业。

(4)促进就业和员工权益保护不够,可能导致员工积极性受挫,影响企业发展和社会稳定。

案例分析2-10

捐助希望小学，拓展商业舞台

从1996年开始，宝洁已累计在一项可持续公益项目捐款4600万元人民币，援建"宝洁希望小学"140所，让796个自然村中的6万余名儿童从中受益。宝洁由此成为希望工程的跨国公司榜样。

不仅如此，宝洁在援建希望小学的过程中，不断吸引更多的合作伙伴一起捐助，宝洁希望小学的平台越做越大，声势越造越大。

自2003年起，宝洁开始着手探索自己独特的公益资助方式：携手商业伙伴，感召消费者，希望借此让更多的人加入宝洁的希望工程项目中来。只要商业伙伴愿意向希望工程捐款，宝洁就提供相应数额的匹配资金并与之共建希望小学。

迄今为止，已经有近20家合作零售商和宝洁一道向希望工程捐款，宝洁与零售商共建的希望小学有"苏果-宝洁希望小学""华润万家-宝洁希望小学""世纪联华-宝洁希望小学"等。

宝洁在捐助希望小学上建立了一套成熟模式，宝洁的很多商业合作伙伴也和宝洁一同建立希望小学。宝洁(中国)公司对外事务部经理王成仓认为，这是从另一个模式上开拓了商业合作的舞台。

三、推动企业社会责任的履行

1. 建立健全法规规章体系，强制企业履行社会责任

将社会责任管理纳入法律、法规管理的框架内，通过建立健全法规规章体系来督导或强制企业履行社会责任。履行社会责任毕竟要支付现实成本，并不是所有企业都能够从战略高度出发，心甘情愿地履行社会责任，特别是在企业社会责任建设的初级阶段。基于道德规范或理想信念而产生的企业社会责任可以不带有强制性，但基于法律规范而产生的社会责任则必须带有强制性，企业必须履行。这就需要国家立法机关和政府部门通过将既符合国际通行做法又符合我国国情的企业必须履行的社会责任，如纳税责任、环保责任、资源节约责任、安全生产责任、拒绝商业贿赂责任等，以法规规章的形式固定下来，形成具有刚性约束力的企业行为规范和行业准则。同时要做到奖罚分明，可根据企业特点制定相应的优惠政策，对不同规模的企业提出不同的衡量指标，鼓励企业主动承担社会责任。

2. 加强地方政府对企业社会责任的监管力度

地方政府应积极发挥政府部门的职能作用，以政策去引导和规范企业负责任的行为。同时通过逐步建立市场激励和社会监督与服务机制来积极推动企业履行社会责任；认真贯彻和落实相关法规，加强政府对企业社会责任的监管力度；加大执法力度，提高企业遵守法律、法规的自觉性和诚信意识；借鉴欧美先进国家的实践经验，制定相应的考核指标，建立与国际接轨的技术法规和标准体系。地方政府要把推动企业履行社会责任作为全面落实科学发展观、完善企业外部约束机制，促进发展方式转变的重要手段；作为统筹经济社会发展，推进社会主义和谐社会建设的重要内容，作为全面建设小康社会惠及地方人民的有效途径。

3. 企业应从战略发展规划和企业文化上强化社会责任

企业的战略对企业发展有着重要的指导意义，在企业的战略发展规划中要体现承担社会责任的内容,承担社会责任应该作为企业发展的一项方针进行规划。一是要进行相关制度创新,将社会责任管理制度融入企业管理制度体系中,从制度上保证社会责任管理目标的顺利实现,即确保社会责任管理的有效性;二是要健全组织结构,可以设立社会责任战略发展部或社会责任管理部之类的机构,统领企业社会责任建设与管理职能,把社会责任管理贯彻到企业内部管理的各个层次、各个方面、各个环节。承担社会责任,构建和谐企业,在企业的发展中,应该形成一种文化。通过加强企业文化建设,把社会责任的理念灌输给各个部门以及广大员工,为企业管理行为和员工工作行为提供基本的准则,形成具有企业特色的管理理念和价值标准。

4. 高度重视强化企业履行社会责任,建立企业社会责任报告制度

企业负责人应当高度重视这项工作,树立社会责任意识,把履行社会责任提上企业重要议事日程,经常研究和部署社会责任工作,加强社会责任全员培训和普及教育,不断创新管理理念和工作方式,努力形成履行社会责任的企业价值观和企业文化。发布企业社会责任报告,让股东、债权人、员工、客户、社会等各方面知晓企业在社会责任领域所做的工作、所取得的成就,可以增强企业的战略管理能力,使企业由外而内地深入审视与社会的互动关系,全面提高企业服务能力和水平,提高企业的品牌形象和价值。

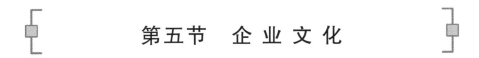

第五节 企 业 文 化

一、企业文化的定义

企业文化能够为企业提供长久深厚的发展动力。企业要获得长久稳定的发展,就必须建立起自己的信仰体系,让员工坚定地确认企业的战略目标、经营方针、管理规范等,自觉地把自我价值与企业价值、个人命运与企业命运紧密地联系在一起。企业文化是指企业在生产经营实践中逐步形成的、为整体团队所认同并遵循的价值观、经营理念和企业精神,以及在此基础上形成的行为规范的总称。企业可以从价值观、企业精神、伦理道德、管理宗旨到规章制度、员工行为、企业形象等方面,以规范严谨的方式构建自己的文化体系,营造企业的精神家园,为企业发展提供源源不断的精神和思想动力。

二、企业文化管理的风险

1. 缺乏积极向上的企业文化,可能导致员工丧失对企业的信心和认同感,使企业缺乏凝聚力和竞争力

积极向上的企业文化可以为企业带来一种团结友爱、相互信任的和睦气氛,强化团队意识,使企业员工之间形成强大的凝聚力和向心力。反之可能导致企业员工如一盘散沙。

2. 缺乏开拓创新、团队协作和风险意识,可能导致企业发展目标难以实现,影响企业可持续发展

当一个企业缺乏开拓创新、团队协作和风险意识时,便潜在地构成了无法避免的可持续经营风险。这种风险若不加以控制和规避,将会导致企业内部决策效率低下、组织涣散、沟通中断,从而使企业蒙受巨大损失,最终可能使企业走向衰败甚至灭亡。因此,企业必须积极培养全体员工的开拓创新、团队协作和风险意识,制定正确的风险管理策略。

3. 缺乏诚实守信的经营理念,可能导致舞弊事件的发生,造成企业损失,影响企业信誉

诚实守信的经营理念是从伦理关系的角度来约束企业领导者和员工的行为。如果人们违背了道德规范的要求,就会受到舆论的谴责,心理上会感到内疚。"安然事件"就明确地告诫我们:缺乏诚实守信的经营理念将会导致严重的经济舞弊事件,造成不可挽回的损失。

4. 忽视企业间的文化差异和理念冲突,可能导致并购重组失败

由于企业内外部的发展环境不同,经营理念、方式不同,使不同的企业形成了不同的企业文化。在一种特定文化环境中行之有效的管理方法,应用到另一种文化环境中,也许会产生截然相反的结果。所以,企业并购中除了存在融资、债务和法规等风险因素,还存在企业文化风险。因此,应防止由于企业文化的不相容而带来并购重组的失败。

三、企业文化的建设

1. 企业文化建设的原则

企业应当重视文化建设在实现发展战略中的作用,加大投入力度,健全保障机制,防止和避免形式主义。总结优良传统,挖掘文化底蕴,提炼核心价值。企业应当根据发展战略和自身特点,建设企业文化,使企业文化融入生产经营过程,切实做到文化培育与发展战略的有机结合,增强员工的责任感和使命感,促使员工自身价值在工作中得以实现。

2. 企业文化建设的要求

(1)企业应当采取切实有效的措施,积极培育具有自身特色的企业文化,引导和规范企业行为,打造以主业为核心的企业品牌,形成整体团队的向心力,促进企业长远发展。

(2)企业应当培育体现企业特色的发展愿景、积极向上的价值观、诚实守信的经营理念、履行社会责任和开拓创新的企业精神,以及团队协作和风险的防范意识。

(3)在此基础上企业应当重视并购重组后的企业文化建设,平等对待并购双方的员工,促进并购双方的文化融合。

(4)企业应当根据自身发展战略和实际情况,总结优良传统,挖掘文化底蕴,提炼核心价值,确定文化建设的目标和内容,形成企业文化规范,使其构成员工行为准则的重要组成部分。

(5)企业应当促进文化建设在内部各层次的有效沟通,加强企业文化的宣传贯彻,确保全体员工共同遵守。

3. 企业文化建设的方法

(1)通过召开员工大会,设置专题报栏让员工了解企业文化。

(2)通过开展各种各样生动活泼、具有积极意义的员工文化活动培育企业精神,塑造企业价值观。

(3)要塑造和维护企业的共同价值观,领导要首先成为这种价值观的代言人,通过自己的行动向全体员工灌输企业文化。

企业文化是群体文化,需要企业员工对企业目标、企业哲学、企业价值观、企业精神、企业宗旨、企业道德等进行整体确认和认同。离开整体参与,企业文化将蜕变为企业阶层文化、小团体文化。

四、企业文化的评估

企业文化评估是企业文化建设与创新的重要环节。开展企业文化评估工作,建立科学的企业文化评估体系,有助于企业认识自身的文化发展状况,查找企业文化建设中存在的问题,不断改进和完善企业文化建设,使企业文化真正融入员工的实际工作中。

1. 建立企业评估文化制度

企业文化与企业文化评估制度之间是相互支撑、相互辅助的关系,因此企业应当建立企业文化评估制度,明确评估的内容、程序和方法,落实评估责任制,避免企业文化流于形式。同时,在制度文化建设中,企业要明确评估的内容、程序和方法,建立科学的企业决策机制和人力资源开发机制,制定完善的企业运行规则和经营管理制度,构建精干高效的组织架构,保证各项工作衔接紧密,保证企业目标顺利实现。

2. 关注企业人员对企业文化的责任履行及认同情况

企业文化评估,应当重点关注董事、监事、经理和其他高级管理人员在企业文化建设中的责任履行情况、全体员工对企业核心价值观的认同感、企业经营管理行为与企业文化的一致性、企业品牌的社会影响力、参与企业并购重组各方文化的融合度以及员工对企业未来发展的信心。另外,企业文化评估不仅要立足于现在,而且要着眼于未来。评估员工对企业未来发展的信心不仅能使管理者对企业的长期发展方向和未来业务有一个清晰的认识,而且可以激励每个员工把自己的思想与行为自觉地同企业的经营业务和目标结合起来,增强企业的抗风险能力。

3. 重视评估结果,及时发现问题并加以改进

企业文化评估的目的是通过总结成功经验,清晰核心价值,理顺价值差异,统一管理思想,通过对内的整合达到对外部竞争环境的适应,提高组织运行效率,塑造整体形象,提高企业核心竞争力,实现企业经营业绩和价值的持续健康增长。因此,企业应当定期评估企业文化,及时巩固和发扬文化建设成果,采取科学有力的措施应对评估过程中发现的问题。从而促进企业文化在管理中不断渗透和深植,使内部整合与外部整合相适应,推动企业文化不落空谈,不断进步。

案例分析2-11

华为的企业文化

华为的"狼性文化"名声久远,作为华为最重要的团队精神之一,它可用几个词语来概括:学习、创新、获益、团结。从狼性文化来说,学习和创新代表敏锐的嗅觉,获益代表进攻精神,而团结就代表群体奋斗精神。华为团队精神的核心就是互助。

1. 学习

华为认为,世界上有许多欲速则不达的案例,应当丢掉速成的幻想,学习日本人踏踏实实、德国人一丝不苟的敬业精神。做任何一件事都是一个学习和提高的机会,都不是多余的,努力钻进去兴趣自然就有了。华为要成就一批业精于勤、行成于思,有真正动手能力和管理能力的干部。作为一名合格的华为营销人,必须具备诸多方面的知识,如产品知识、专业知识、营销理论知识、销售技能技巧知识、沟通知识等。而对于任何一个人来说,这些知识不可能是先天具备的。这就要求华为人必须具备良好的学习能力,而且还要养成学习的习惯。不然,在通信市场日益变化且竞争日趋激烈的今天,华为难以成功。

2. 创新

多年来,华为对创新孜孜追求,并形成了自身的观点:其一,不创新是华为最大的风险;其二,华为创新的动力来自客户的需求和竞争对手的优秀,同时也来自华为内部员工的奋斗;其三,创新的领域主要在技术和管理方面,目前后者是关键,这回答了华为要在什么地方创新;其四,在创新的方式上,主张有重点,集中力量,各个击破。

3. 获益

获益是华为文化的核心,也是基础。华为坚信重赏之下必有勇夫。华为的工资水平在深圳市是最高的,在全国同行中也是最高的,因为华为坚信高工资是对员工最大的激励。

4. 团结

任正非在《致新员工书》中写道:"华为的企业文化是建立在国家优良传统文化基础上的企业文化,这个企业文化黏合全体员工团结合作,走群体奋斗的道路。有了这个平台,你的聪明才智方能很好发挥,并有所成就。没有职责心、不善于合作、不能群体奋斗的人,等于丧失了在华为进步的机会。"华为十分厌恶的是个人英雄主义,主张的是团队作战,"胜则举杯相庆,败则拼死相救"。

总之,"狼性"与"做实"的企业文化是华为之所以成功的根本。

本章小结

组织架构包括治理结构与内部机构。治理结构即企业治理层面的组织架构,是企业成为可以与外部主体发生各项经济关系的法人所必备的组织基础。具体是指企业根据相关的法律法规,设置不同层次、不同功能的法律实体及其相关的法人治理结构。内部机构是企业内部机构层面的组织架构,是企业根据业务发展需要,分别设置不同层次的管理人员及由各专业人员组成的管理团队,针对各项业务功能行使决策、计划、执行、监督、评价的权利并承担相应的义务,为业务的顺利开展进而实现企业发展战略提供支撑平台。企业应当根据发展战略、业务需要和内部控制要求,选择适合本企业的组织架构。

发展战略是企业在对现实状况和未来趋势进行综合分析与科学预测的基础上,制定并实施的长远发展目标与战略规划。发展战略是一个动态的过程,企业需要敏锐地感知外界环境的变化,并对发展战略进行及时的调整。

人力资源政策是影响企业内部环境的关键因素,它所包括的雇用、培训、评价、考核、晋升、奖惩等业务向员工传达着有关诚信、道德行为和胜任能力的期望水平方面的信息,这些业务都与公司员工密切相关,而员工正是公司中实施内部控制的主体。良好的人力资源政策能够有效地促进内部控制在企业中的顺利实施,并保证其实施的质量。

社会责任是指企业在经营发展过程中应当履行的社会职责和义务,主要包括安全生产、产品质量、环境保护与资源节约、促进就业、保护员工合法权益等。近年来,社会责任越来越成为社会关注的焦点,我国上海证券交易所和深圳证券交易所相继出台文件,鼓励上市公司发布社会责任报告。企业发布社会责任报告有益于得到公众的认可,并实现企业的可持续发展。

企业文化能够为企业提供长久深厚的发展动力。企业要获得长久稳定的发展,就必须建立起自己的信仰体系,让员工坚定地确认企业的战略目标、经营方针、管理规范等,自觉地把自我价值与企业价值、个人命运与企业命运紧密地联系在一起。企业文化是指企业在生产经营实践中逐步形成的、为整体团队所认同并遵循的价值观、经营理念和企业精神,以及在此基础上形成的行为规范的总称。企业可以从价值观、企业精神、伦理道德、管理宗旨到规章制度、员工行为、企业形象等方面,以规范严谨的方式构建自己的文化体系,营造企业的精神家园,为企业发展提供源源不断的精神和思想动力。

思考题:
(1)如何设定与内部机构相匹配的岗位职责?
(2)制定发展战略时需要考虑的因素有哪些?
(3)人力资源开发的重点包括哪些环节?
(4)社会责任包括哪些内容?如何推动企业履行社会责任?
(5)企业文化与内部控制的关系是怎样的?
(6)如何进行企业文化建设和评估?

 案例思考

海尔的企业文化

"企业文化"已不再是一个陌生的名词,对于 21 世纪的企业家来说,几乎都对企业文化进行过研究与探索。然而,企业性质、规模及起步不同,使得企业的文化各有千秋。成功的企业文化建设以青岛海尔最为典型。踏进海尔,你会发现,海尔的员工在厂区内行走的时候,始终走在马路边上的黄线内;如果你走进海尔的车间,会发现,海尔的车间是整洁的,而且海尔员工的服饰也非常统一。如果你要问:为什么? 海尔的员工会很自然地告诉你:"我应该这样。"因为他接受过这样的文化训练,海尔的企业文化已经深深地根植在他的脑子里。

1. 企业文化决定着企业的兴衰

海尔兼并青岛红星电器厂就是著名的"激活休克鱼"的案例。所谓休克鱼,是指一个企业在设备上、资金上都可以,仅仅是管理模式不行,那这个企业只是一条休克的"鱼"。激活休克鱼的方法就是用文化、用无形资产来激活。青岛红星电器厂曾是一个非常著名的生产洗衣机的电器厂,在 1995 年以前,它还是同行业内的前三名,由于后期管理不善,1995 年之后资不抵债,亏损达到一个多亿,3 500 多名职工基本上都没有工作干,出厂的洗衣机常常被退回。当时,青岛市政府就做了一个决定,让海尔兼并红星电器厂。对于海尔来说,这是一个非常重大的兼并事件,因为在 1995 年之前,海尔还没有大规模的扩张。随后,海尔对红星电器厂做了全面的分析,发现红星电器厂不缺资金,又有现代化的生产设备,也不缺技术力量。分析之后得出结论:红星电器厂败在它的管理模式和企业文化上。于是,海尔决定用无形资产对红星电器厂实施收购战略:目标——2~3 年使红星电器厂成为同行老大;策略——用文化和管理激活红星电器厂;资源——海尔文化+红星电器厂现有资源;行动——立即行动。

做出战略之后,海尔迅速派出第一批人进驻红星电器厂。海尔派去的第一批进驻红星电器厂的人,不是总裁,不是财务人员,也不是管理人员,而是海尔文化中心的人,他们做的第一件事就是文化先行。进驻红星电器厂之后,海尔集团首席执行官张瑞敏多次到厂给所有员工讲企业的价值观和企业文化。第一,以市场为中心,告诉全体员工,我们卖的是信誉,要先卖信誉,后卖产品;第二,发动员工找自己的问题,要降成本,要增利润;第三,制定企业未来的发展目标,要用 2~3 年的时间使企业成为洗衣机行业的老大。三个月后,红星电器厂扭亏为盈,到了第五个月,盈利 150 万元,两年后,红星电器厂成为洗衣机行业的第一名。

2. 企业文化决定了企业的持续发展

在海尔进驻红星电器厂的第一个月,发生了一件漏检事件,结果第二天就被公布出来,漏检的检查工被罚款了 50 元。谁出错罚谁,这是一件很正常的事情,但恰恰就是这样一件事情,体现出了海尔企业文化的特色。当时,海尔派出的柴永森,作为红星电器厂的总经理,他决定抓住这样一个机会来教育红星电器厂的员工什么叫作企业文化。事情发生后的第二天,在《海尔人》的报纸上,发出了一个大家都可以公开讨论的论题:出了差错,谁来负责任,是该罚员工还是该罚领导?这个论题在红星电器厂引发了非常激烈的讨论,红星电器厂的人认为罚员工是正常的;但是海尔的文化是少数人在制约着多数人,少数人要负多数人的责任,即如果出差错的话,首先领导要承担责任。通过大讨论,柴永森自罚了 500 元,红星电器厂的各级领导,每个人都自罚了 1 元。随后,这件事情在红星电器厂引起了很大的震动。红星电器厂的员工彻底感受到了海尔文化的特色,即海尔 20/80 原则,就是少数的领导人要负更大的责任,这便是海尔的文化理念。

3. 优秀的企业文化是始终将集体利益放在首位

在海尔的质检中心,有一个质检处的处长检查海尔流水线最后一关,检查合格,成品就可以出厂。但是,这个质检处的处长在第一个检查工序时就拿了一个纸团放在了冰箱非常隐蔽的地方——冰箱的后壳。到他在最后一关检查时,质检员都没有检查出纸团。于是,这个质检处的处长被罚了款,同时降了一级。别人问他:"你在放纸团的时候,想过会被降级和罚款吗?"他说:"我想到过,我想到过这个纸团很可能会被漏检。但我一定要这样做,因为只有这样做,才能保证海尔出厂的产品是最优的。"

思考:企业文化的重要性,企业文化与内部控制的关系?

本章练习题

第三章 风险评估

 / 案例导入 /

一代"鞋王"的落幕

"凡是女人路过的地方,都要有百丽。"这句话出自百丽国际首席执行官兼执行董事盛百椒。2017年7月27日,HK.01880在香港联合交易所的上市地位被撤销,宣告"鞋王"百丽(BELLE)正式退市。从上市到退市,百丽经历了整整十年,由昔日辉煌急转而下,如今暗淡收场,除了电商冲击,百丽还遭遇了哪些棘手问题?由高瓴资本、鼎晖投资入场私有化后,百丽又将迎来怎样的命运?

凭借传统零售模式走向巅峰

百丽集团于20世纪70年代创于香港,90年代由香港著名鞋款设计师、资深实业家邓耀先生引入内地,并针对内地市场重新包装定位,获得极大成功。1997年,百丽建立特许经销体系,整合了丰富的市场资源,快速扩大品牌市场占有率。2002年,邓耀、盛百椒家族联合百丽各经销商,共同成立百丽投资,由百丽投资担当百丽集团独家经销商,顺利地从经销商手中接过渠道控制大权。2004年,百丽集团又收购百丽投资全部资产,集团完成了品牌、生产、设计、零售的垂直一体化布局,率先在内地鞋业界实行以生产企业为龙头、以各大商场及区域经销商为依托,纵向整合产、供、销联合一条龙的"直线连锁经营模式",快速占领商业通道。2007年百丽在港交所上市,百丽并购开始,包括3.8亿元收购斐乐、6亿元收购妙丽、16亿元收购森达等。百丽鞋类业务的自有品牌包括百丽、天美意、他她、思加图、真美诗等,代理品牌包括Bata、CAT、Clarks等。百丽不仅涵盖了国内鞋服行业的一大部分,更是占据了女鞋市场的半壁江山。

市场需求增长放缓,百丽现"关店潮"

百丽明显开始走下坡路是从2012年开始的。这一年,财报中有两个数字极为关键:一个是百丽营收同比增长13.5%,运动服饰与鞋类业务分别同比增长13.5%和13.6%,鞋类营收占总营收64%;另一个数字则是净利润,同比增长仅有2.3个百分点。由于女鞋市场需求增速放缓甚至出现下滑,以女鞋业务为主、拥有数万家门店且不断开设新店的百丽并没有打破市场魔咒,随着整个市场供给侧的大幅增加,女鞋单价出现下滑迹象,并逐年递增,这使得单个门店的盈利能力下降,影响到了利润率。从2014年开始,百丽扩张的脚步彻底停下来了,迎接它的是"关店潮"。2016年6—8月,百丽在内地的门店净减少56家,全年关店700家,即平均每日关店2家。另一方面,随着电商兴起,百货行业遭受不小的冲击,衰落迹象明显,基于百货商场内开设门店的百丽自然也被波及,销售额下滑,无法实现收支平衡的线下门店最终迎来关店的命运。

错失电商机遇,转型遇阻

2012年是移动互联网生猛发展的一年,主舞台上赫赫有名的传统企业逐渐褪去光芒,移动互联网领域百花齐放。优酷土豆合并开启并购潮,微信用户破3亿,滴滴出行问世,小米以独有的营销模式成功突围。百丽面临的不仅是整个市场的骤变,也是传统企业转型的危机。也许利润下滑让百丽管理层看到了危机,但他们的调整并没有给百丽带来新的增长点,甚至错过了电商的机遇。2009年,百丽就涉足电商,创建了自己的电商平台"淘秀网",在当时独立站点的趋势下,淘秀网的运营还算不错。2011年,百丽又成立了优购网,并将淘秀网的资源全面移植至优购网。想引领大船掉头不是一件容易的事情,百丽的调整远远不够,线上平台与线下门店的模式完全不同,而优购网的"一把手"有丰富的线下经验,却并没有线上电商平台管理运营经验,这使得线上线下无法打通融合,也说明百丽并不具有持续变革基因,成为"转型困难户"。"在市场出现巨大变化情况下,没有预判和找到转型的路径。"百丽集团CEO盛百椒称,自己要承担这些责任。实际上,盛百椒对转型犹豫不决,他曾在一次年度业绩会上问记者"到底要不要转型"。

消费升级,产品无法满足用户需求

百丽拥有庞大的销售额、用户量、门店,却忽略了"数据",对用户的意愿不够注重,缺乏一定的互联网思维。近年来的消费升级,消费者的审美提升,不再接受同质化和大众化,注重和追求个性化,并且对正装鞋的需求不断降低。消费者的选择权增多,审美提升时,就意味着企业需要"更懂"他们的需求,而不是构建一个无处不在的品牌和零售体系"强迫"消费者购买。虽然盛百椒也意识到这个问题,但依然难以改变现状。百丽上一次推出爆款鞋还是在2011年,旗下的思加图和徐濠萦合作推红了松糕凉鞋,成为当时众多品牌模仿和抄袭的对象。当下流行的款类中,没有一款来自百丽旗下品牌。同时,百丽跟随市场潮流的速度和节奏也不快,往往是新款鞋流行一段时间后,百丽才会跟随推出。目前,接受高瓴资本等私有化要约的百丽,将会迎来怎样的转型呢?盛百椒认为,高瓴资本等要约方具有百丽转型所需要的资源,尤其是数字化方面。对百丽来说,投出腾讯、京东、美团、滴滴等巨头企业的高瓴是个不错的选择。同时,百丽目前依然拥有13 000余家零售网点,未来整合线上线下资源,依然有机会回归,但"鞋王"的称号怕是难以挽回了。

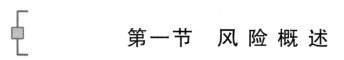

第一节 风险概述

一、风险的特点

风险是指未来的不确定性对企业实现经营目标的影响,这种不确定性既包括正面效应也包括负面效应,也就是具有收益也有损失。风险主要有以下特点:

1. 客观性

风险是不以企业意志为转移,独立于企业意志之外的客观存在。虽然企业可以采取措施防止或降低风险发生所产生的损失,但是不可能完全消除风险。

2. 普遍性

风险无处不在、无时不有。在现代社会,企业面临着各式各样的风险。随着科学技术的发展和生产力的提高,企业所处的经营环境更具复杂性和多变性,因此会不断产生新的风险,且风险造成的损失也会越来越大。

3. 不确定性

不确定性是风险的最基本特点。它主要表现为空间上的不确定性、时间上的不确定性、发生概率的不确定性、损失程度的不确定性。

4. 动态可变性

风险一般是动态而非静态的,在一定条件下,风险可以发生转化。风险或者按正反馈的规律不断增强,或者经过人们的努力予以减弱以致消除。

5. 可测性

风险具有客观性和确定性,就大量的风险事件而言,必然呈现出一定的规律性。因此,风险的发生可以用概率的方法加以测算。

二、风险的分类

(一) 按照风险造成的结果划分

1. 纯粹风险

纯粹风险是只有损失机会而没有获利可能的风险。这种风险可能造成的结果只有两个:一是没有损失;二是造成损失,没有获利的可能性。如火灾、疾病、自然灾害和个人不诚实的品质所造成的经济损失。该风险对社会无任何益处,但具有一定的规律性,是可以预测的。

2. 投机风险

投机风险是指既可能产生收益也可能造成损失的不确定性。这种风险有三种可能的结果:盈亏平衡、损失、盈利。比如股票投资,投资者购买某种股票后,可能会由于股票价格上升而获得收益,也可能由于股票价格下降而蒙受损失,但股票的价格到底是上升还是下降,幅度有多大,这些都是不确定的,这类风险就属于投机风险。

(二) 按照风险产生的环境划分

1. 静态风险

静态风险是指在社会政治经济环境正常的情况下,由于自然力量的非常变动或人类行为的错误导致损失发生的风险。例如水灾、旱灾、地震等由于自然原因导致的风险;火灾、爆炸、员工伤害、破产等由于某些人疏忽大意或故意行为导致的风险;放火、破坏、欺诈等由于某些人不道德和违法违纪行为导致的风险。

2. 动态风险

动态风险是指社会、经济、科技和政治变动所产生的风险。动态风险的发生频率、影响范围和可控制程度都远大于静态风险,因此动态风险是导致企业成败安危的主要风险,风险管理的重心是对动态风险的管理。

(三)按照风险发生的原因划分

1. 自然风险

自然风险是指因自然力的不规则变化所产生的现象危害经济活动、物质生产和生命安全的风险。如地震、水灾、火灾、旱灾、虫害等自然现象。

2. 社会风险

社会风险是指因个人和单位的行为,包括过失行为、不当行为及故意行为对社会生产及人们生活造成损失的风险。

3. 经济风险

经济风险是指在经济活动过程中,因市场因素影响或者管理经营不善导致经济损失的风险。

(四)按照风险致损的对象划分

1. 财产风险

财产风险是指各种财产损毁、灭失或者贬值的风险。

2. 人身风险

人身风险是指个人的疾病、意外伤害等造成的残疾、死亡的风险。

3. 责任风险

责任风险是指法律或者有关合同规定,因行为人的作为和不作为导致他人财产损失或者人身伤亡,行为人承担经济赔偿责任的风险。企业为员工上缴各类社会保险实际上是分担了员工的风险,并通过支付价款的方式将这部分风险转移到社会的其他部门。

(五)按照风险的承受能力划分

1. 可接受风险

可接受风险是指在本身承受能力、经济状况的基础上,能够接受的最大损失限度之内的风险。

2. 不可接受风险

不可接受风险是指在本身承受能力、经济状况的基础上,已超过或大大超过所能承受的最大损失限度的风险。

三、风险成本

风险成本是指由于风险存在而导致企业价值减少。风险成本由期望损失成本、损失控制成本、损失融资成本、内部风险抑制成本和残余不确定性成本构成。

期望损失成本包括直接损失成本和间接损失成本。直接损失成本主要包括对损毁资产进行修理或重置的成本,对遭受伤害的员工提出的赔偿、诉讼的支付成本,以及对其他法律诉讼进行辩护和赔偿的成本。间接损失成本包括所有因发生直接损失而导致的净利润的减少。

损失控制成本是指公司为降低损失频率和损失程度,采取一定手段来提高预防损失的能力、减少风险行为所发生的成本。

损失融资成本包括自保成本、保险费中的附加保费,以及拟订、协商和实施套期合约和其他合约化风险转移合同过程中的交易成本。其中自保成本包括为支付损失而必须持有自保资金的成本。

内部风险抑制成本包括与实现分散经营相关的成本以及与管理这些分散行为相关的成本,也包括对数据以及其他类型的信息进行收集、分析以进行更精确的损失预测所产生的成本。

残余不确定性成本指通过损失控制、保险、套期、其他合约化风险转移合同以及内部风险抑制措施完全消除损失的不确定性。公司选择并实施损失控制、损失融资以及内部风险抑制措施后残余的那部分不确定性成本称为残余不确定性成本。

四、风险管理

(一)风险管理的定义及目标

按照COSO《企业风险管理》框架的定义,企业风险管理是一个过程,它由一个企业的董事会、管理层和其他人员共同实施,应用于战略制定并贯穿于企业经营之中,旨在识别可能会影响企业的潜在事项,管理风险使其在企业的风险承受能力(风险容忍度)之内,并为企业目标的实现提供合理的保证。

风险管理是战略管理的重要组成部分,因此风险管理的目标应当和企业的战略目标高度一致。事实上,企业价值是企业管理的核心问题,当今财务理论的基本理念就是"价值最大化",那么,风险管理的目标就是使企业价值最大化。对于企业来说,风险会减少企业价值(风险成本),不考虑其他因素,风险成本最小化和企业价值最大化是等价的。如果我们把实现风险成本最小化的手段称为风险管理,那么风险成本最小化就是企业风险管理的总体目标。

然而,决策或行为对企业价值的影响经常是难以估测的,于是我们不得不设定一些原则来保证企业风险管理能够在不进行价值评估的前提下及时运作,这些原则就是风险管理目标的细分。

以损失发生为临界点,我们将风险管理目标分为损失发生前的风险管理目标和损失发生后的风险管理目标。损失发生前的风险管理目标是避免或减少风险事故的发生,包括节约经营成本、减少忧虑;损失发生后的风险管理目标是努力使损失的标的恢复到损失前的状态,包括维持企业的生存、生产和服务的持续、稳定的收入、承担社会责任。两种风险管理目标的有效结合,构成了完整的企业风险管理目标体系。

(二)风险管理的过程

企业的风险是一个动态的、循环的过程,贯穿于企业的整个经营活动中。企业应按照目标设定、风险识别、风险分析和风险应对四个程序进行风险管理(见图3-1)。

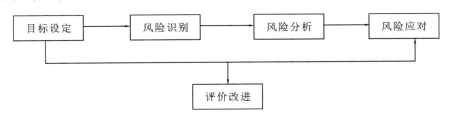

图3-1 风险管理的过程

目标设定是风险管理的基础和前提,目标必须在管理部门识别可能影响其实现的事件之前存在。企业风险管理确保了管理部门以适当的程序设定目标,且所设定的目标支持并与企业的使命或展望一致,同时与企业的风险偏好相符。

风险识别是在目标的指导下,及时认识到潜在的风险机会和损失,它是风险分析和风险应对的基础。管理层除了应该对影响企业成功实现目标的潜在事件进行识别,包括识别其产生的内在和外在原因,也要识别出潜在事件之间的相互关系,并对其进行分类,加强风险意识,从整个企业范围内以组合观的视角来考虑风险。

风险分析是对所识别的风险进行分析的过程,是针对不同性质的风险采取不同应对措施的前提。风险是与可能会受到影响的有关目标相关联的,管理层应从风险的可能性及影响两个方面对风险进行分析,且通常将采取定量和定性方法综合考虑。

风险应对是在风险识别和风险分析的基础上,为实现目标而采取的策略。管理层应根据企业战略和目标,并在自身的风险容忍度和成本效益原则的前提下选择一种或多种风险应对策略,使所评估的风险与企业的风险偏好一致,使企业风险发生的可能性和影响都在风险容忍度之内。

第二节 目标设定

案例分析3—1

哈佛大学有一个非常著名的关于目标对人生影响的跟踪调查。对象是一群智力、学历、环境等条件都差不多的年轻人,调查结果如下:有清晰且长期目标的年轻人占比3%;有清晰但短期目标的年轻人占比10%;有模糊目标的年轻人占比60%;无目标的年轻人占比27%。25年后:

有清晰且长期目标的年轻人:25年来几乎都不曾更改过自己的人生目标,他们都朝着目标不懈努力,现在,他们几乎都成了社会各界的顶尖成功人士,他们中不乏创业者、行业领袖、社会精英。

有清晰但短期目标的年轻人:大都生活在社会的中上层,他们的共同特点是,短期目标不断达成,生活状态稳步上升,成为各行各业不可或缺的专业人士,如医生、律师、工程师、高级主管等。

有模糊目标的年轻人:几乎都生活在社会的中下层,他们能安稳地生活与工作,但都没有什么特别的成就。

无目标的年轻人:几乎都生活在社会的最底层,他们都过得很不如意,经常失业,靠社会救济,并且经常抱怨他人,抱怨社会,抱怨世界。

《企业内部控制基本规范》第二十条规定,企业应当根据设定的控制目标,全面、系统、持续地收集相关信息,结合企业实际情况,及时进行风险评估。所以,目标设定是企业风险评估的起点,是风险识别、风险分析和风险应对的前提。

一、目标设定的定义

目标设定是指企业在识别和分析实现目标风险并采取行动来管理风险之前,采取恰当的程序去设定目标,确保所设定的目标支持和切合企业的发展使命,并且与企业的风险承受度一致。

企业应当根据自身的风险偏好和风险承受度制定战略目标,然后在此基础上确定业务层面目标,并对这些目标与该企业的风险偏好和风险承受度的一致性进行检验。

二、战略目标

(一)战略目标的概念

战略目标是对企业战略经营活动预期取得的主要成果的期望值,它着眼于企业整体,是对企业未来发展的一种整体设想,是企业整体发展的总任务和总要求,所以一般企业的战略目标总是高度概括的。

一个企业要想实现其战略目标,首要任务是在分析内外部环境的基础上制定战略,明确战略目标;其次是在对风险进行识别、评估并制定相应风险应对措施的基础上形成战略规划;最后需要将该战略目标分解成相应的子目标,再将子目标层层分解到各个业务部门、行政部门和各生产过程。鉴于企业战略实现的重要性与复杂性,企业应当在董事会下设立战略委员会,或设定相关机构负责发展战略管理工作,履行相应职责,并在充分调查研究、科学分析预测和广泛征求意见的基础上制定战略目标。

(二)战略目标的内容

战略目标是企业使命和功能的具体化,一方面企业的各个部门都需要有目标;另一方面,目标还取决于个别企业的不同战略。因此,企业的战略目标是多元化的,既包括经济目标,又包括非经济目标;既包括定性目标,又包括定量目标。尽管如此,各个企业需要制定目标的领域却是相同的,所有企业的生存都取决于同样的一些因素。德鲁克在《管理的实践》中提出了八个关键领域的目标:

(1)市场方面的目标:应表明公司希望达到的市场占有率或在竞争中达到的地位;

(2)技术改进和发展方面的目标:对改进和发展新产品,提供新型服务内容的认知及措施;

(3)提高生产力方面的目标:有效地衡量原材料的利用,最大限度地提高产品的数量和质量;

(4)物资和金融资源方面的目标:获得物质和金融资源的渠道及其有效的利用;

(5)利润方面的目标:用一个或几个经济目标表明希望达到的利润率;

(6)人力资源方面的目标:人力资源的获得、培训和发展,管理人员的培养及其个人才能的发挥;

(7)职工积极性发挥方面的目标:对职工激励、报酬等措施;

(8)社会责任方面的目标:注意公司对社会产生的影响。

(三)战略目标的制定原则

目标管理中,有一项原则叫作 SMART,分别是 specific(明确性)、measurable(可度量性)、attainable(可实现性)、relevant(相关性)、time-based(时限性)。企业在制定战略目标时,必须要谨记这五个要点。

1. 明确性

明确性是指战略目标应该是具体化的,不能是笼统的。具有明确的目标几乎是所有成功企业一致的特点。很多企业失败的重要原因之一就是目标定位模棱两可,或没有将目标有效地传达给相关成员。

2. 可度量性

可度量性是指战略目标是数量化或者行为化的,验证这些目标的数据或者信息是可以获得的。如果目标没有办法衡量,就无法判断这个目标能否实现。

3. 可实现性

可实现性是指战略目标在付出努力的情况下可以实现,避免设立过高或过低的目标。目标是要能够被执行人所接受的,需要制定出跳起来"摘桃"的目标,不能制定出跳起来"摘星星"的目标。

4. 相关性

相关性是指实现此目标与其他目标的关联情况。如果此目标与其他目标完全不相关或者相关度很低,那么这个目标即使被实现了,意义也不是很大。

5. 时限性

时限性是指战略目标的实现是有时间限制的,没有时间限制的目标没有办法进行考核,或会带来考核的不公。所以目标设置要具有时间限制,根据工作任务的权重、事情的轻重缓急,拟订出完成目标项目的时间要求,定期检查项目的完成进度和变化情况,方便进行指导或调整。

(四)战略目标的确定步骤

战略目标需要通过董事会与员工的相互沟通来确定,同时还要有支持其实现的战略计划及年度预算,一般来说,确定战略目标需要经历调查研究、拟订目标、评价论证、目标决断和目标分解五个具体步骤。

1. 调查研究

在制定企业战略目标之前,必须进行调查研究工作,调查研究的重点是可能会对企业产生重大影响的外部环境因素,以及企业未来的发展趋势。

2. 拟订目标

经过细致周密的调查研究,便可以着手拟订战略目标了。首先,分析企业外部环境,并据此确定目标方向;其次,通过对企业资源和能力的分析,确定沿着目标方向展开的活动所要达到的水平,形成可供选择的目标方案。

3. 评价论证

战略目标拟订出来后,就要组织多方面的专家和有关人员对提出的目标方案进行评价和论证。评价论证时主要考虑战略目标的正确性、可行性、完善程度,通过对比、权衡利弊,找出各个目标方案的优劣所在。

4. 目标决断

在决断选定的目标时,要注意从三个方面权衡各个目标方案:目标方案的正确程度;渴望实现的程度;期望效益的大小。对这三个方面应做综合考虑,所选定的目标,在三个方面的期望值都应该尽可能大。

5. 目标分解

将目标层层分解到各个部门及个人,并确定相应的职责权限,以便目标的有效执行与考核。

从调查研究、拟订目标、评价论证到目标决断和分解、确定战略目标这五个步骤是紧密结合在一起的,后一步的工作依赖于前一步的工作,在进行后一步的工作时,如果发现前一步工作的不足,或遇到最新情况,就需要重新进行前一步或前几步的工作。

三、业务层面目标

1. 业务层面目标的内容

业务层面目标包括经营目标、报告目标、合规目标和资产安全目标,它来自企业战略目标及战略规划,并制约或促进企业战略目标的实现。业务层面目标应具体化并具有可衡量性,且与重要的业务流程密切相关。具体内容如下:

(1)经营目标:提高经营效率和效果,实现企业资本保值增值。
(2)报告目标:提供真实可靠的财务报告及其他信息。
(3)合规目标:遵循国家有关法律法规的规定,不得违法经营。
(4)资产安全目标:保护资产安全与完整。

2. 业务层面目标的确定步骤

业务层面目标的确定需要经过以下三个步骤:

(1)制定业务层面目标。企业的总目标及战略规划为业务层面的目标指明了方向,业务层面根据自身的实际情况及总体目标的要求提出本单位或部门的目标,通过上下不断沟通最终确定。

(2)根据企业内外环境的发展变化,定期更新业务活动的目标。

(3)配置资源以保证业务层面目标的顺利实现。企业在确定各业务单位或部门的目标之后,将人、财、物等资源合理分配下去,以保证各业务单位或部门有实现其目标的资源。

四、目标设定与风险偏好、风险承受度

目标设定是否科学有效,取决于是否与企业的风险偏好和风险承受度保持一致。

1. 风险偏好

风险偏好是指企业在实现目标的过程中愿意接受的风险的数量。企业可以采用定性和定量两种方法对风险偏好加以度量。在战略制定阶段,企业应进行风险关联,考虑将该战略的预期收益与企业的风险偏好结合起来,帮助管理者在不同的战略方案之间选择与企业风险偏好相一致的战略。

2. 风险承受度

风险承受度是指企业能够承担的风险限度,是企业在风险偏好的基础上设定的对相关目标实现过程中所出现的差异的可容忍度,包括整体风险承受能力和业务层面的可接受风险水平。在确定各目标的风险承受度时,企业应考虑相关目标的重要性,并将其与企业风险偏好联

系起来。

3. 风险组合观

风险管理要求企业管理者以风险组合的观点看待风险,对相关风险进行识别并采取措施,使企业所承担的风险在风险偏好的范围内。对企业的每个部门而言,其风险可能在该部门的风险承受范围内,但从总体来看,总风险可以超过企业总体的风险偏好范围。因此,应从风险组合观看待企业总体风险。

第三节 风险识别

案例分析3—2

创业不易,守业更难,而毁业则易如反掌。一个企业要获得成功非常不容易,需要创业者、管理者和员工付出艰苦的劳动和心血,还需要有天时、地利等外部环境,然而企业却很有可能因为一个重大失误顷刻倒塌,使之前所有的努力付诸东流。英国巴林银行的破产、日本八佰伴的失败、韩国大宇集团的衰落、美国安然公司的倒闭、中国中航油(新加坡)公司的投机失败等都是血淋淋的教训。

中关村每年大约有500家新入驻的公司,但每年差不多都有相同数量的企业因为种种原因离开,绝大多数是因为支撑不下去了,这其中表现的就是经营风险。企业创新和发展当然非常重要,但这是一只手,企业的另一只手要同时注重控制经营风险。

任何企业都面临着来自内部和外部的风险,风险影响企业的生存能力,影响它们能否在竞争中取得成功。管理人员的每一个决策都在创造风险,因此,只要企业持续经营,风险就永远存在。而在实施风险管控的过程中,首先需要明确影响目标实现的不确定性,既包括外部环境风险,也包括企业内部的各种变化。因此,风险识别是进行风险分析和风险应对的前提与基础。

一、风险识别的定义

我国《企业内部控制基本规范》第三章第二十一条规定:"企业开展风险评估,应当准确识别与实现控制目标相关的内部风险和外部风险,确定相应的风险承受度。"风险识别是否全面、直接深刻影响风险评估的质量,进而影响风险管理的目标能否实现。风险识别的目的就是确认风险的来源、种类以及发生损失的可能性,为风险分析和风险应对提供依据。

风险识别是指在风险发生之前,运用各种方法系统地、连续地认识所面临的各种风险以及分析风险发生的潜在原因。管理层需要充分了解企业所面临的风险,企业需要知道损失来自何处并能够找出出现损失的领域,应通过正式的检查程序来全面分析风险和损失。换句话说,企业应当通过风险识别程序来识别那些重要的、可能对经营产生影响的并且企业能应对的风险。风险识别程序要求在合理时间段内发现风险,衡量发生风险的可能性,以便设计适当的损失控制和预防计划,从而减少高风险的活动和高成本的损失事件。

二、风险识别的内容

风险识别主要包括两个方面。一是感知风险事项,通过调查和了解,识别风险事项的存在。按风险来源不同,企业可能存在的风险事项可以划分为内部风险和外部风险。二是分析风险事项,通过归类分析,掌握风险事项产生的原因和条件以及风险事项的性质。

感知风险事项和分析风险事项构成了风险识别的基本内容,两者是相辅相成、相互联系的。感知到风险事项的存在才能进一步有意识、有目的地分析风险,进而掌握导致风险事项发生的原因和条件。

(一) 内部风险

企业的内部风险来源于企业的决策和经营活动。企业的决策风险一方面表现为与外界环境不相适应;另一方面表现在企业本身的经营活动中,经营活动中的风险来自企业的各个流程和各个部门。

企业识别内部风险,应当关注的因素包括以下几个方面:

(1)董事、监事、经理及其他高级管理人员的职业操守,员工专业胜任能力等人力资源因素;

(2)组织机构、经营方式、资产管理、业务流程等管理因素;

(3)研究开发、技术投入、信息技术运用等自主创新因素;

(4)财务状况、经营成果、现金流量等财务管理因素;

(5)运营安全、员工健康、环境保护等安全环保因素;

(6)其他与企业内部风险相关的因素。

企业常见的内部风险有战略风险、运营风险、财务风险等。

1. 战略风险

战略风险是指不确定性对企业战略目标实现造成的影响。理解战略风险需要注意两点:一是战略风险是未来影响企业的各种不确定性事件,已经发生的确定性事件不是战略风险;二是尽管企业战略因素来源广泛,但并不是每个事件都构成战略风险,只有当这个事件影响到战略目标的实现时,才可以称为战略风险。

2. 运营风险

运营风险是指因为企业内部流程、人为错误或外部因素而令公司产生经济损失的风险。运营风险包括公司的流程风险、人为风险、信息系统风险、事件风险和业务风险。流程风险指交易流程中出现错误而导致损失的风险。人为风险是指因员工缺乏知识和能力、缺乏诚信或道德操守而导致损失的风险。信息系统风险是指因系统失灵、数据的存取和处理、系统的安全和可用性、系统的非法接入与使用而导致损失的风险。事件风险是指因内部或外部欺诈、市场扭曲、人为或自然灾害而导致损失的风险。业务风险是指因市场或竞争环境出现预期以外的变化而导致损失的风险。

3. 财务风险

财务风险是指在企业各项财务活动过程中,由于各种难以预料或控制的因素,使企业的财务收益与预期收益发生偏离,从而使企业有蒙受损失的可能性。从财务管理的职能角度,企业财务风险可分为筹资风险、投资风险和收益分配风险。筹资风险包括增加企业资金成本和降低企业偿债能力两类。投资风险指由于项目不确定因素导致投资报酬率无法达到预期目标的风险。投资决策是建立在一系列假设前提下的,当实际情况与假设情况不一致时,可能会导致投资者低估公司价值,抛售公司股票,甚至联合罢免管理层等,这些都会给生产经营活动带来不确定影响。收益分配风险是当公司过多分配股利时,会降低公司现金拥有量,一方面导致部分投资项目缺乏资金,另一方面还可能引起债务危机的风险。

财务风险是客观存在的,企业管理者只能采取有效措施来降低财务风险,但不可能完全消除财务风险。

(二)外部风险

企业的外部风险来自企业经营的外部环境,包括外部环境本身和外部环境的变化对企业目标的影响。

企业识别外部风险,应当关注的因素包括以下几个方面:

(1)经济形式、产业政策、融资环境、市场竞争、资源供给等经济因素;

(2)经济法规、监管要求等法律因素;

(3)安全稳定、文化传统、社会信用、教育水平、消费者行为等社会因素;

(4)技术进步、工艺改进等科学技术因素;

(5)自然灾害、环境状况等自然环境因素;

(6)其他与企业外部风险相关的因素。

企业常见的外部风险主要有自然风险、政治风险、市场风险、法律风险等。

1. 自然风险

自然风险是指自然灾害、环境状况等自然环境因素导致的建筑物的损失、限制获取原材料或者人力资本等方面的损失。安联保险发布的《安联年度风险指数2020》中,营业中断风险、自然灾害风险、网络安全和市场风险分别为中国企业风险中排名前三的风险。从全球来看,自然灾害也是工程、建筑以及电力和公用事业公司最大的风险。

2. 政治风险

政治风险是因投资者所在国与东道国政治环境发生变化、东道国政局不稳定、政策法规发生变化给投资企业带来经济损失的可能性。给外国投资企业带来经济损失的可能性事件包括没收、征用、国有化、政治干预、东道国的政权更替、战争、社会动荡和暴力冲突、东道国与母国或第三国的关系恶化等。

3. 市场风险

市场风险包括产品市场风险、金融市场风险等。产品市场风险是指市场变化、产品滞销等原因导致跌价或企业不能及时卖出产品的风险。金融市场风险包括利率风险、外汇风险、股票与债券市场风险,期货、期权与衍生工具风险等。

按照企业参与的产品市场类型,市场风险还可以分为供给市场风险和需求市场风险。供给市场风险主要来自获取关键设备、主要原材料和人力资源的不确定性,包括供给数量和价格。需求市场风险主要来自消费者需求改变、产品更新换代、竞争程度加剧、营销渠道不畅以及品牌形象降低等。在《安联年度风险指数2020》中,网络安全和市场风险在中国被视为第三大风险。同时,它在全球企业风险榜单中位列第二,被航空、金融服务、船运和交通领域视为头号风险。

4. 法律风险

法律风险是指企业内外部的具体行为不规范,引起与企业所期望达到的目标相违背的法律后果发生的可能性。根据引发法律风险的因素来源,法律风险可以分为外部环境法律风险和企业内部法律风险。所谓外部环境法律风险,是指由企业外部的社会环境、法律环境、政策环境等因素引发的法律风险,包括立法不完备,执法不公正,合同相对人失信、违约、欺诈等。由于引发因素不是企业所能控制的,因而企业不能从根本上杜绝外部环境法律风险的发生。所谓企业内部法律风险,是指由企业战略决策、内部管控、经营行为、经营决策等因素引发的法律风险,表现为企业自身法律意识淡薄,未设置较为完备的法律风险防范机制,对法律环境认知不够,经营决策缺少对法律因素的考虑,甚至违法经营等。

《中国上市公司法律风险指数报告(2019)》显示,2018年上市公司法律风险指数涉及六大分项领域,即公司治理、合规、诉讼、业务、财务、员工六大领域,其中合规风险、诉讼风险快速上升,员工领域风险下降。"对于资本市场,人们更多关注的往往是股价的涨与跌,指数的高与低,交易的盈与亏,融资的多与少等,而较少注意这些经济现象背后的法律制度和法治建设。"中国政法大学法学院院长焦洪昌强调,上市公司法律风险值得注意。

综上所述,企业开展风险识别,应当准确识别与实现控制目标相关的内部风险和外部风险。需要注意的是,这些影响企业风险的事项通常不是孤立的,一个事项可能引发另一个事项。在风险事项识别的过程中,企业应清楚事项彼此之间的关系,通过评估这种关系,才能确定采取何种风险应对措施是恰当的。例如,央行调整金融机构存款准备金率,会使利率、汇率、股票价格、房地产价格等发生联动变化。由此可见,企业对风险事项的识别需要具有一定的前瞻性和系统性。

三、风险识别的流程

风险识别的过程实际上是收集有关风险因素、风险事故、损失暴露、危害和损失等方面信息的过程,主要包括以下几个方面(见图3-2):

图3-2 风险识别的流程

(一)发现风险因素

风险管理人员在识别风险主体面临的风险时,最重要且难度最大的工作是了解风险主体可能遭受损失的来源。如果风险管理人员不能识别风险主体所面临的潜在风险,一旦风险因素聚集或者增加,就会导致风险事故的发生。在风险事故发生前,及时发现引发风险事故的风险因素是风险识别的核心,因为只有发现风险因素,才能有针对性地选择风险处理技术,以改变风险因素存在的条件,有效防止风险因素增加或聚集。

为此,需要深入了解风险主体的活动内容及活动环境,寻找其潜在的风险。认识企业的活动内容,要涵盖公司治理结构、组织机构设置、企业文化、人力资源政策、内部控制制度、内部审计机制,以及公司业务流程和盈利模式等主要方面。认识企业的活动环境,可以采用PEST分析法,即从政治(political)、经济(economic)、社会(social)和技术(technological)四个方面来对企业的活动环境进行评估(见表3-1),从而找到可能引发风险的因素。

表 3-1 典型的 PEST 分析

政治环境	经济环境	社会环境	技术环境
税收政策	征税	教育	产业技术发展
环保制度	汇率	收入分布	技术转让率
合同法	政府开支	生活条件	政府研究开支
竞争规则	经济增长	潮流与风尚	互联网的改革
安全规定	失业政策	生活方式改革	信息技术变革
雇用法律	消费者信心	职业与休闲态度	移动技术变革
政治稳定性	商业周期	人口规模及增长	能源利用与成本
政府组织/态度	通货膨胀率	劳动力与社会流动性	新型发明与技术支持
国际贸易章程与限制	利率与货币政策	健康意识与社会福利	技术更新速度与周期

(二)认知风险因素

风险管理人员认知、理解和测定风险因素的能力,是风险识别的关键。不同的风险管理人员,其认知风险因素的能力和水平是不同的。如果风险管理人员缺乏经验,对暴露的风险因素视而不见,其结果就是本来可以避免的风险事故发生了。例如:某加油站油库管理人员王某经常在工作时间吸烟,所以王某吸烟是引发油库着火、爆炸的重要风险因素;风险管理人员张某在现场调查时发现王某身上有很浓的烟味,并在王某的办公室地上发现了烟灰;张某发现问题后,及时汇报给部门领导,对王某给予警告处分,并将他调离工作岗位。加强风险管理人员责任意识教育,培训风险管理人员认知风险因素的能力,可以提高风险管理水平,降低风险主体的损失。

(三)预见危害

危害是造成损失的原因,"危害"一词不仅具有损失的含义,而且表示损失比较严重。尽管在不同的环境中,产生风险事故的原因不同,但是风险事故带来的危害却是大致相同的,即造成风险主体财物、人员的损失。例如:火灾危害可能产生于物质环境(如闪电),也可能产生于社会环境(如纵火)。无论是什么风险因素引发的风险事故,都会造成比较大的损失,因此,风险识别的重要步骤是能够预见到危害,这样才能将产生危害的条件消灭在萌芽状态。

(四)重视风险暴露

那些可能面临损失的资产或主体,都有风险暴露的可能,必须重视风险的暴露。例如:放在衣柜旁边沾满汽油的抹布就是风险因素,这块抹布有引发火灾的风险,这栋房子可能被烧毁,就是风险的暴露。这里房子被烧毁与沾满汽油的抹布有着较为密切的关系。重视风险暴露,就是重视风险因素和风险事故的关系。为了更好地识别风险,一般把风险暴露分为以下几个方面:

1. 实物资产风险暴露

实物资产风险暴露,即风险因素引起实物资产损失的可能性。如司机将一桶汽油带回家,其家庭财产损失的风险就会变大,这就是有形资产的风险暴露。一般而言,实物资产风险暴露会通过多种形式表现出来,这就需要风险管理者总结经验,及时发现风险因素与具体实物资产损失的相互关系。

2. 无形资产风险暴露

无形资产风险暴露,即风险因素引起无形资产损失的可能性。如某企业商标被盗用,造成企业无形资产损失的风险。重视无形资产的风险暴露,就是要重视风险因素与无形资产损失的关系。

3. 金融资产风险暴露

金融资产风险暴露,即风险主体持有的股票、债券等资产有遭受损失的可能性。一般而言,金融资产代表一些明确的、金融方面的权利,如获得收益的权利或按某一价格购买、出售某项资产的权利。与实物资产不同,金融资产的增值或损失常常与市场环境的变化密切相关。重视金融资产的风险暴露,需要研究国际证券市场与国内证券市场的变化,寻找其中的内在联系。

4. 责任风险暴露

责任风险暴露,即风险主体的行为引起另一方遭受损失,而必须承担赔偿责任的风险。责任风险暴露源于法律法规所确定的各项义务,当事人违反有关义务,就会承担赔偿损失的责任。如某企业使用的啤酒质量不合格,导致运输过程中啤酒瓶炸裂了,所幸没有人员受伤。根据这一情况,该企业风险管理部门的工作人员就应该重视啤酒瓶炸裂可能会造成客户人身受到伤害的责任风险暴露。

5. 人力资本风险暴露

人力资本风险暴露,即风险因素引起人力资本遭受损失的风险。风险主体对人的投资构成了风险主体财富的一部分。企业经理、一般员工和其他重要的风险承担者(如债权人、供货商)可能发生的伤亡,都是人力资本风险的暴露。人力资本损失的风险不仅指员工身体、心理上受到伤害,而且包括企业员工受伤带来的利润减少、支持增加的损失。企业加强员工安全和福利等方面的管理,是避免人力资本风险的重要举措。

四、风险识别的方法

风险识别实际上就是收集有关风险因素、风险事故和损失暴露等方面的信息,发现导致潜在损失的因素。风险识别的方法就是收集和分析这些信息。风险识别的方法一般有德尔菲法、现场检查法、风险清单法、财务报表分析法、流程图法和因果图法。

(一)德尔菲法

德尔菲法也称专家调查法,其本质上是一种反馈匿名函询法,其大致流程是对所要预测的问题征得专家的意见之后,进行整理、归纳、统计,再匿名反馈给各专家,再次征求意见,直到得到比较一致的意见,最终确定影响企业的主要风险因素。

德尔菲法的优点是能充分发挥各位专家的作用,集思广益;参与者可以免受团体的压力,不必附和他人的看法,可以避免个性特征和相容性问题。其局限性是过程比较复杂,花费时间较长。

(二)现场检查法

现场检查法是指通过直接进行实地观察和分析,了解企业生产经营过程中存在的风险隐患的方法。在进行现场检查前要做好充足的准备,对所要调查的部门及其可能存在的风险做一个大致的了解,准备好现场检查表,对所调查的每个项目进行填写。

现场检查的优点非常明显,风险管理人员可以借此获得第一手资料。同时,在实践中,虽然这是风险管理人员最直接发现风险的方法,但他们不可能时刻在生产经营的第一线,最了解企业运作的是一线员工,而他们又不一定都有非常敏锐的风险意识,但风险管理人员可以从他们的介绍中觉察到风险。这样,在现场检查之余,和其他部门的交流就显得极为重要,与各部门管理人员建立和维持良好的关系也有助于风险管理水平的提高。这种交流既可以是口头的经常性沟通,也可以是书面的定期报告。一套完善的交流制度是现场检查的有效补充,风险管理人员通过这种交流不仅可以认识到现场检查时没有发觉的风险隐患,还能随时掌握在两次现场检查之间出现的新风险。现场检查方法最大的缺点是需要花费大量的时间,成本较高。

(三)风险清单法

风险清单法又称列表检查法,即事前设计好调查表并将已经识别的主要风险填入其中,进行对照检查。1977年,美国风险和保险管理学会制定了一份比较全面的风险损失清单表,包括直接损失风险、间接损失风险和责任损失风险三大项(见表3-2)。

表3-2 风险损失清单表

直接损失风险	无法控制和无法预测的损失	(1)电力中断:雷电、火灾及各种损失; (2)物体下落:飞机失事、树、建筑材料; (3)地壳运动:火山、地震、滑坡; (4)声音及震动波:飞机、震动; (5)战争、暴力、武装冲突、恐怖活动; (6)水损:洪灾、水位抬高、管道破裂等; ……
	可控制和可预测的损失	(1)玻璃或其他易碎物品的破裂; (2)毁坏:工厂设施的毁坏; (3)起始时或过程中的碰撞:飞机碰撞、船舶碰撞; (4)污染:液体、固体、气体、放射性污染; (5)腐蚀; (6)员工疏忽大意; ……
	与财务有关的主要损失	(1)员工不诚实:伪造、贪污; (2)没收:国有化、充公; (3)欺诈、偷窃、抢劫; (4)事实、专利、版权、公证的无效; (5)库存短缺:无故消失、乱放丢失; ……
间接损失风险		(1)所有直接损失的影响:供应商、消费者、公用设施、员工; (2)附加费用增加:租金、通信费用、产品消费; (3)资产集中损失; (4)风格、品味、期望的变化; (5)破产:员工、管理人员、供应商、消费者、顾问; (6)管理失误:市场、价格、产品投资等; ……

责任损失风险	(1)航空损失； (2)运动责任； (3)出版商责任； (4)汽车责任； (5)契约责任； (6)雇主责任； ……

1. 风险清单法的优点

(1)可以降低风险管理的成本。风险主体如果逐项现场检查风险源,需要花费大量的时间、人力和物力,运用风险清单识别风险,可以减少以上投入,降低风险主体的管理成本,节省不必要的支出。

(2)可以避免遗漏重要的风险源。如果没有风险清单,风险主体不仅需要做大量的工作,而且可能遗漏比较重要的风险源。

2. 风险清单法的缺点

(1)风险清单不可能概括风险主体面临的特殊风险。风险清单标准化管理模式虽然比较全面地列举了风险主体可能面临的损失,但是,依然无法概括风险主体面临的特殊风险,这是风险清单法的固有缺陷造成的。由此,风险主体可以根据本企业的行业特点、经营状况、发展阶段等方面的情况,制作适合本企业特点的风险清单,避免遗漏风险主体固有的、重要的风险源。

(2)风险清单只考虑了纯粹风险,没有考虑投机风险。一般而言,风险清单提供了一种对可保风险进行识别的框架,为了收集有关风险识别的有用信息,一些企业采用风险因素问卷调查的方式,调查风险主体所面临的纯粹风险。

(四)财务报表分析法

财务报表分析法又称为杜邦分析法,是以资产负债表、利润表、现金流量表和其他附表等财务信息为依据,通过水平分析、垂直分析、趋势分析、比率分析等方法,从财务角度来识别企业面临的风险事项。杜邦分析法是由美国杜邦公司创造的一种财务分析方法,其最大特点是把一系列的财务指标有机结合在一起,利用各个指标之间的递进关系,揭示出指标之间的内在联系,找到造成某一指标发生变动的相关因素,为公司经营者控制该项指标朝着良性的方向提供可靠的依据。

杜邦分析系统(见图 3-3)是一个财务指标分解系统,它以最能反映公司理财目标的指标——净资产收益率作为核心和出发点,通过指标的层层分解,揭示出各个财务指标之间的内在联系和不同财务指标对股东权益收益率的影响,具体分析如下:

第一层将净资产收益率分解为总资产收益率与权益乘数。这种分解揭示了不同企业对股东回报的差异来源:一是企业的综合盈利能力;二是融资结构。适度的负债可以帮助企业提高对股东的回报,但前提是借债的资金在企业中的回报率必须高于融资成本。同时,过度的负债容易使企业陷入偿债风险。

第二层将总资产收益率分解为销售净利率和总资产周转率。其中,销售净利率反映了公

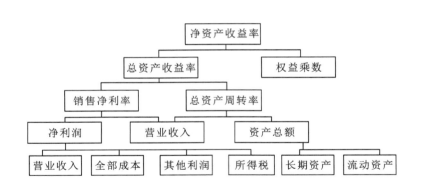

图 3-3 杜邦分析系统

司的获利能力,总资产周转率反映了公司的运营能力。这揭示了企业综合盈利能力的差异是由什么引起的,是来自业务本身的获利能力,还是来自公司的运营能力。这实际上反映了企业的战略选择,企业要么选择成本领先战略,要么选择产品差异战略,两种战略的优势往往不太可能同时具备。

第三层将销售净利率和总资产周转率进一步分解。销售净利率为净利润和营业收入的比值,总资产周转率为营业收入和资产总额的比值。

第四层将净利润和资产总额细分,揭示各组成部分。净利润是营业收入减去全部成本再加上其他利润的税后结果,资产总额则由长期资产和流动资产构成。

1. 财务报表分析法的优点

(1) 财务报表分析法能够识别风险。财务报表分析法综合反映了一个企业的财务状况,因此风险主体存在的一些安全隐患就能够从财务报表中反映出来。如企业资本保值增值率小于1,说明企业面临生存和发展的问题,现有的生产经营状况亟待转变。

(2) 财务报表分析法识别风险具有可靠性和客观性。财务报表是基于风险主体容易得到的资料编制的,这些资料用于风险识别,具有可靠性和客观性的特点。风险主体在运用财务报表分析时,应当对每个指标进行深入的研究和分析,这样可以识别潜在的损失风险,防患于未然。

(3) 财务报表分析法可以为风险投资、风险融资提供依据。风险主体的投资能力、水平和财务状况会通过财务报表反映出来。例如,投资风险管理的资金、风险融资的数额等财务资料的积累,有助于风险主体预测风险管理投资后获得的安全保障水平,可以为风险投资和风险融资提供依据。

2. 财务报表分析法的缺点

(1) 专业性强。如果风险管理人员缺乏财会专业知识,就无法识别风险主体所面临的潜在风险。

(2) 财务报表分析法识别风险的基础是财务信息具有真实性和全面性。如果财务报表不真实,风险管理人员不仅无法识别风险主体面临的潜在风险,而且还会由于使用错误或不确切的信息而做出错误的风险管理决策,进而影响风险管理的效果。同样,风险管理人员只有全面收集、整理相关的财务信息,才能识别风险。如果财务报表反映的信息不全面,就会影响风险管理的效果。

(五)流程图法

流程图法是将风险主体的全部生产经营过程,按其内在的逻辑联系绘成作业流程图,并针对流程中的关键环节和薄弱环节进行调查与识别风险的方法。流程图法分为三步:首先,分析、识别作业流程中的各个阶段;其次,据此绘制流程图,解释流程中的所有风险点,尤其是主要风险点;最后,进一步解释风险发生的原因以及可能造成的影响。某公司的产品返修流程如图 3-4 所示。

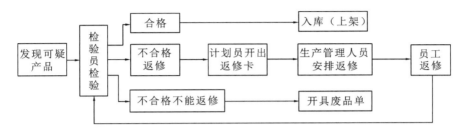

图 3-4 某公司的产品返修流程

1. 流程图法的优点

(1)流程图可以比较清楚地反映活动(或工序)流程的风险。根据生产条件和工作目的的不同,可以将风险主体的生产经营活动绘制成流程图,便于识别风险。一般来说,风险主体的经营规模越大、生产工艺越复杂,流程图法识别风险就越具有优势。

(2)流程图强调活动的流程,而不寻求引发风险事故的原因。流程图只是生产、经营活动的监督概括,其目的是揭示生产、经营活动中的风险,诸如火灾、盗窃等,而不是分析风险发生的原因以及应对方法。

2. 流程图法的缺点

(1)流程图的准确性决定着风险管理部门识别风险的准确性。企业生产、销售等方面的流程图,需要准确地反映生产、销售的全貌,任何部门的疏漏和错误,都可能导致风险管理部门无法准确地识别风险。

(2)使用流程图识别风险的管理成本比较高。一般来说,流程图由具有专业知识的风险管理人员绘制,需要花费的时间比较多,耗费的管理成本也比较高。

(六)因果图法

风险管理实务中,导致风险事故的因素比较多,通过对这些因素进行全面系统的观察和分析,可以找出其中的因果关系。因果图法是一种用于分析风险事故与影响风险事故因素之间关系的比较有效的方法。在风险管理中,导致风险事故的原因可以归纳为不同的类别和子原因,可以画成形似鱼刺的图。例如,某企业的产品制造工序中,尺寸不合格产品占不合格产品的 80%,因此,风险识别的重点就在于减少导致尺寸不合格的风险因素;根据车间工作人员的讨论,将导致产品尺寸不合格的原因绘制成因果图(见图 3-5)。

1. 因果图法的优点

(1)因果图是一种非定量的工具,可以辨识出导致风险的所有原因,分析各原因之间的关系,并从中找到根本原因。

(2)运用因果图法识别风险,关注因果分析,简单直观,便于理解。

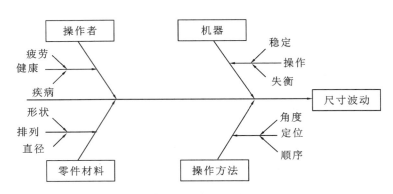

图 3-5　产品尺寸不合格的因果图

2. 因果图法的缺点

(1) 对于导致风险事故原因调查的疏漏,会影响因果图分析的结论。从某种意义上说,风险因素调查是否充分,影响着因果图分析的结论。

(2) 不同的风险管理人员对风险因素重要性的认识不同,会影响因果图分析的结论。由于风险管理人员的风险意识、观念不同,对风险因素重要性的认识也不同,因此,风险管理人员对于风险因素重要性的认识是否合乎逻辑,会影响因果图分析的结论,进而影响风险识别的结果。

风险识别的方法很多,各有其优缺点和适用条件,并不存在适用于全部风险识别的最优方法。在实际工作中,即使识别同一种风险也可以同时采用几种方法。企业应当根据自身经营活动的特点、内外部环境变化和经营管理的需要选择风险识别方法或方法组合。企业应当列出自身面临的所有主要风险,同时列出每种风险产生的具体原因,并建立风险数据库。通过建立风险数据库,对识别出来的风险及其原因进行适当分类,并用文字清楚地描述,有利于企业进一步开展风险分析工作。

第四节　风险分析

案例分析3-3

海底捞成立于1994年,是一家以经营川味火锅为主、融汇各地火锅特色为一体的大型跨省直营餐饮品牌火锅店,全称是四川海底捞餐饮股份有限公司,2018年9月26日海底捞在香港成功上市。在海底捞的招股说明书中,对可能影响海底捞的业务、财务状况及经营业绩等的不确定因素进行了分析和说明。以下是海底捞招股说明书的部分内容:

我们近年来一直迅速扩展,使风险及不确定性不断增加;且我们持续演变的管理系统未必能有效应对这些风险及不确定性。我们的成功主要以顾客满意度为中心,取决于海底捞品牌的持续受欢迎及我们提供优越用餐体验的能力。我们的成功可能受一系列不利因素影响,包括以下几个方面:

(1)服务质量下降;
(2)无法开拓及引入受顾客欢迎的新服务;
(3)无法满足顾客需要以及消费口味和喜好的变化;
(4)食品质量下降或顾客感知食品质量下降;
(5)任何顾客重大责任索偿或食品污染投诉;
(6)无法以大众化价格提供优质食品;
(7)员工满意度下降及员工流失情况加剧;
(8)餐饮业竞争加剧;
(9)我们管理成本的能力不足;
(10)我们或第三方竞争者于同一区域新开设餐厅;
(11)我们的声誉受损及有关我们品牌的质量、价格、价值及服务的消费者认知恶化;
(12)我们无法保证用餐体验将继续保持高品质及受顾客青睐,亦无法保证我们现有和新餐厅将会继续取得成功。

一、风险分析的定义

我国《企业内部控制基本规范》第二十四条规定,企业应当采用定性与定量相结合的方法,按照风险发生的可能性及其影响程度等,对识别的风险进行分析和排序,确定关注重点和优先控制的风险。

风险分析是在风险识别的基础上,结合企业特定条件,运用定量或定性方法进一步分析风险发生的可能性和对企业目标实现的影响程度,并对风险的状况进行综合评价,为制定合理的风险应对策略提供依据。风险分析是风险应对的基础,没有客观、充分、合理的风险分析,风险应对就无法达到预期效果。同时,企业进行风险分析,应当充分吸收专业人员,组成风险分析团队,按照严格规范的程序开展工作,确保风险分析结果的准确性。

二、风险分析的内容

(一)风险因素分析

内部因素和外部因素都会影响企业目标的实现。尽管有些因素是行业中企业共有的,但是更多的因素是个别企业特有的。管理层在进行风险分析时应着重关注这些特有的因素,结合本企业的规模、经营的复杂性等,分析风险发生的可能性和影响。信息的收集是风险分析的基础,一般来说,企业应当结合自身情况,着重从战略风险、财务风险、市场风险、运营风险、法律风险等方面进行分析。

1. 战略风险

信息的收集是风险分析的基础,在战略风险方面,企业应广泛收集国内外战略风险失控导致企业蒙受损失的案例,重点收集与本企业相关的以下信息:

(1)国内外宏观经济政策及经济运行情况、本行业状况、国家产业政策;
(2)科技进步、技术创新的有关内容;
(3)市场对本企业产品或服务的需求;
(4)与企业战略合作伙伴的关系,未来寻求战略合作伙伴的可能性;

（5）本企业主要客户、供应商及竞争对手的有关情况；

（6）与主要竞争对手相比,本企业的实力与差距；

（7）本企业发展战略和规划、投融资计划、年度经营目标、经营战略,以及编制这些战略、规划、计划、目标的有关依据；

（8）本企业对外投融资流程中曾发生或容易发生错误的业务流程或环节。

战略风险分析具体可以从以下两个方面展开：

（1）从战略风险可能导致的结果来看,有整体性损失和战略目标无法实现两种结果。整体性损失包括经济利益损失和非经济利益损失,非经济利益损失是指竞争优势减弱、综合排名降低、战略实施能力削弱等。如果将战略目标分成财务类目标和非财务类目标,实际上整体性损失等同于战略目标无法实现,且能够比较具体地反映战略风险的影响结果。

（2）从战略风险产生的原因来看,战略风险来源于外部环境、战略管理行为和战略成功必要条件。外部环境是指宏观经济和产业环境,也可指未预料的外部事件。战略管理行为指战略性决策行为、战略管理活动中的战略行为或一系列未预料的内部事件。战略成功必要条件指企业资源、能力等。这些都是引起战略风险的可能原因。

2. 财务风险

在财务风险方面,企业应广泛收集国内外企业财务风险失控导致危机的案例,重点收集本企业的以下信息：

（1）负债、负债率、偿债能力；

（2）现金流、应收账款及其占销售收入的比重、资金周转率；

（3）产品存货及其占销售成本的比重、应付账款及其占购货款的比重；

（4）制造成本和管理费用、财务费用、营业费用；

（5）盈利能力；

（6）成本核算、资金结算和现金管理业务中曾发生或容易发生错误的业务流程或环境；

（7）与本企业相关的行业会计政策、会计估算、与国际会计制度的差异与调节等信息。

财务风险与企业资金的筹集、运用、管理以及安全密切相关。财务风险的具体分析应从筹资风险、投资风险和收益分配风险三个方面展开。

（1）筹资风险分析主要关注筹资过程中资金的供需市场、宏观经济环境的变化或筹资来源结构、币种结构、期限结构等因素给企业财务成果带来的不确定性。此外,对筹资方式、筹资失效、筹资数量,各种具体的筹资工具选择的风险分析也是同等重要的。

（2）投资风险分析主要关注企业在投资活动中各种难以预计或控制因素的影响给企业财务成果带来的不确定性,致使投资收益率达不到预期目标而产生的风险。通常,投资项目是决定企业收益和风险的首要因素,不同的投资项目往往具有不同的风险,包括对内投资项目风险和对外投资项目风险,它们对公司价值和公司风险的影响程度也不同。

（3）收益分配风险分析则关注公司在分配净利润时,存在分配给投资者或留存企业内部这两种此消彼长的方式,分配方式的选择和权衡可能会对企业未来的经营活动产生一定的风险。

3. 市场风险

在市场风险方面,企业应广泛收集国内外企业忽视市场风险、缺乏应对措施导致企业蒙受损失的案例,重点收集与本企业相关的以下信息：

（1）产品或服务的价格及供需变化；

(2)能源、原材料、配件等物资供应的充足性、稳定性和价格变化;
(3)主要客户、主要供应商的信用情况;
(4)税收政策和利率、汇率、股票价格指数的变化;
(5)潜在竞争者、现有竞争者及其主要产品、替代品情况。

市场风险分析具体可以从以下两个方面展开:

(1)产品市场风险关注企业在提供产品或服务的过程中,产品或服务的价格及供需变化带来的风险。主要产品或服务的价格出人意料地上升或下降,可能使业务面临风险,排除人为因素,价格的变化与供需变化直接相关。另外,从供应者角度来看,产品或服务及供需的变化可能会使企业的采购成本发生变化,相应地,企业的生产成本、营业收入也会发生变化。

(2)金融市场风险关注企业在资金的融通和货币的经营过程中,在各种事先无法预料的不确定因素的影响下,资金经营者的实际收益所面临的不确定性。在现行的市场经济中,任何一个企业都会面临商品价格、利率、汇率等方面的风险,这些因素的变化会给企业带来损失或收益。

4. 运营风险

在运营风险方面,企业应重点收集与本企业、本行业相关的以下信息:
(1)产品结构、新产品研发;
(2)新市场开发、市场营销策略,包括产品或服务定价与销售渠道,市场营销环境状况等;
(3)企业组织效能、管理现状、企业文化,中高层管理人员和重要业务流程中专业人员的知识结构、专业经验;
(4)期货等衍生产品行业中曾发生或容易发生失误的流程和环节;
(5)质量、安全、环保、信息安全等管理中曾发生或容易发生失误的业务流程或环节;
(6)因企业内外部人员的道德风险致使企业遭受损失或业务控制系统失灵;
(7)给企业造成损失的自然灾害以及除上述有关情形之外的其他纯粹风险;
(8)对现有业务流程和信息系统操作运行情况的监管、运行评价及持续改进能力;
(9)企业风险管理的现状和能力。

运营风险分析关注在企业运营过程中,由于外部环境的复杂性和变动性以及主体对环境的认知能力和适应能力的有限性,而导致的运营失败或运营活动达不到预期目标的可能性及其损失。应特别注意的是,运营风险并不是指某一种具体特定的风险,而是包含一系列具体的风险。

5. 法律风险

在法律风险方面,企业应广泛收集国内外企业忽视法律法规风险、缺乏应对措施导致企业蒙受损失的案例,重点收集与本企业相关的以下信息:
(1)国内外与本企业相关的政治、法律环境;
(2)影响企业的新的法律法规和政策;
(3)员工道德操守的遵从性;
(4)本企业签订的重大协议和有关贸易合同;
(5)本企业发生重大法律纠纷案例的情况;
(6)企业和竞争对手的知识产权情况。

法律风险分析应当关注合规性风险和监管风险。交易对方都具备法律法规赋予的交易权利,违反国家有关法规进行市场操纵、内幕交易,有不符合监管规定的行为等,都会导致法律风险。由于各国的法律法规不同,对不同类型金融机构的监管要求不同,所以面对不同交易对手的法律风险存在较大差异。

(二)风险发生的可能性和影响程度分析

明确风险发生的可能性和影响程度是风险分析的两大核心任务。可能性表示一个给定事项将会发生的概率,影响程度则代表它的后果。一般来说,对识别出来的风险,从可能性和影响程度两个方面进行分析后,就可以根据分析结果采取应对措施。

1. 风险发生的可能性分析

可能性分析是指假定企业不采取任何措施,将会发生风险的概率。确定损失概率是风险分析的一个重要方面,通过对实际情况的收集和利用专业判断来完成。某一事件的发生与否往往存在统计规律性,如抛一枚硬币,随着所抛次数的增加,正反面出现的频率趋向一个定值,即1/2。这种事件发生频率随着重复的次数无限趋向于一个常数的性质,称为这个事件的发生存在统计规律性,这个常数即为事件发生的概率。

风险发生的可能性分析结果一般有"极低""低""中等""高""极高"五种情况。对风险发生可能性的定性测评详见表3-3,也可以用定量的方法测评风险发生的可能性(见表3-4)。

表3-3 风险发生可能性的定性测评表

序 号	描 述 符	详细描述举例
1	极高	在多数情况下预期会发生
2	高	在多数情况下很可能发生
3	中等	在某些时候能够发生
4	低	在某些时候不太可能发生
5	极低	在例外情况下可能发生

表3-4 风险发生可能性的定量测评表

序 号	描 述 符	概 率
1	极高	>95%
2	高	(50%,95%]
3	中等	(10%,50%]
4	低	(5%,10%]
5	极低	(0%,5%]

2. 风险发生的影响程度分析

影响程度分析主要是指对目标事项的负面影响程度分析,即对风险事故可能造成的损失值的分析。风险管理人员应根据企业自身的特点,采用不同的方法来衡量损失程度。按照可能的影响结果(通常是量化成数值),一般将风险发生的影响程度划分为"不重要""次要""中等""主要""灾难性"五级(见表3-5)。

表 3-5　风险发生的影响程度分析

序　号	描　述　符	详细描述举例
1	不重要	不受影响,较低的损失
2	次要	轻度影响(情况立刻受到控制),轻微的损失
3	中等	中度影响(情况需要外部支持才能得到控制),中等的损失
4	主要	严重影响(情况失控,但无致命影响),重大的损失
5	灾难性	重大影响(情况失控,给企业造成致命影响),极大的损失

风险发生的影响程度是针对既定目标而言的,因此对于不同的目标,企业应采取不同的衡量标准。在进行风险分析的过程中,公司应从自身的具体情况出发,运用适当的风险分析技术,定量或定性地评估相关事项,根据风险分析的结果,按风险发生的可能性及影响程度进行排序分析,分清哪些是主要风险,哪些是次要风险,从而筛选出企业的关键风险,为风险应对提供依据。

三、风险分析的程序

风险分析通过对识别出的风险因素进行定性描述和量化分析,来探求各主要影响因素发生的可能性以及对企业目标实现可能产生的有利或不利影响。只有根据风险分析的结果,才能进一步研究,正确选择风险的应对策略。因此,风险分析结果的恰当与否,直接影响企业风险管理的执行效果。为此,建立明确的风险分析程序以保证风险分析的质量就非常必要。

风险分析程序是指识别风险分析过程中所有必要的活动,确定这些活动的顺序和相互关系,准确地描述,形成书面化的文件,并加以实施和监控的过程。风险分析的基本程序包括风险分析策划、收集风险数据、选择分析方法、综合分析实施、撰写风险分析报告、建立风险分析数据库等。

同时,为保证风险分析程序的有效运行,必须对程序的各个环节做出规定,提出明确具体的责任目标及分析要求。对于风险分析活动过程应进行必要的记录,相关记录也应该予以存档。这里应注意,风险不是一成不变的,而是随着企业内外部环境的改变处于不断变化的动态过程中。基于这种动态条件的预测和分析,其结果不可能做到精确可靠。风险分析的根本目的在于尽量避免风险失控,并为企业经营中的突发事件预留足够的后备措施和缓冲空间。

(一) 风险分析策划

在进行风险分析策划时,风险管理人员需要注意以下几个方面:

1. 风险分析参与人员的结构与技能要求

风险分析活动中,应当注意参与人员的适当性。风险管理目标和被分析的风险范围不同,参与风险分析过程的力度也不同,对参与人员的专业技能要求也不同。在公司层面上,高级管理层应该尽量参与;有些情况下,对特殊业务风险的分析有独到见解的人员应该参与进来;有时,董事会可能也需要参与进来。在部门层面上,部门管理层和关键流程责任人应该参与进来。

2. 风险分析策划的时机

风险分析策划的时间范围应与企业相关战略和目标的时间范围相一致。一般而言,时间范围越大、风险发生的可能性就越大,风险分析的要求就越高。管理者还应注意,不同时间段所对应风险发生的可能性是不同的。

3. 风险分析的信息来源

(1)客观依据。对于风险的可能性和影响的估计值,通常利用可观察事件的数据来确定,它提供了一个比较客观的依据。

(2)主观判断。很多管理人员在面对不确定性时会做出主观判断,这种判断的正确性取决于管理人员的能力、知识、经验等因素,因此主观判断会存在一些个人偏见。

(3)管理人员的主观判断与客观依据相结合。主观判断与客观依据相结合,可以减少单一方法的缺陷,使风险分析结果的正确性大为加强。

4. 风险分析的方法

风险分析的方法包括定量分析和定性分析。当不要求定量分析,或者定量分析所需要的充分可靠的数据实际上无法取得,或者获取这些数据不具有成本效益时,管理者通常采用定性分析的方法。定量分析能带来较高的精确度,但要求数据较多,分析较为复杂,通常应用在更加重要的活动中。这两种方法将在下文详细介绍。

(二)收集风险数据

风险分析建立在数据收集的基础之上,公司对数据进行分析,有助于把握问题的根源,掌握问题的发展趋势,从而更精确地分析风险。通常风险数据来源于以下几个方面:

1. 宏观数据

宏观环境因素的变化是战略风险的主要来源,通过对主要的宏观环境因素变化进行检测和记录,有助于分析该风险存在的可能性和对目标的影响程度。

2. 行业数据

行业生命周期、行业竞争对手、行业市场份额分布、行业关键成功因素等数据,有助于评估风险发生的可能性和影响程度。

3. 专家数据

外部专家对企业风险发生的可能性和影响程度的判断,可以为公司风险分析提供直接而重要的借鉴,是公司重要的数据来源。

4. 历史数据

历史数据是公司执行战略活动结构的精确描述,是制定新战略的基础,也是企业风险分析的基础。公司的历史数据包括过去的战略目标和战略规划数据,战略目标的达成分析数据,战略执行和监控数据,人力资源、设计、采购、生产、销售、财务等经营方面的数据。

(三)选择分析方法

1. 定性分析

定性分析是指对风险的影响和可能性以定性方式进行描述。在风险分析中,基于评估人员丰富的实践经验而做出的定性评估结论具有重要意义。定性分析方法有问卷调查、集体讨论、专家咨询、人员访谈等。

2. 定量分析

在可以获得充分、准确的数据和有必要实施定量评估的情况下,选择定量分析方法是适当的。定量分析具有精确性,可以弥补定性分析的不足。但对所有重要因素进行量化是困难的,获得更多的数据需要更高的成本,所以定量分析通常应用在特别重要的活动中。常见的定量分析方法有敏感性分析、情景分析、压力测试、蒙特卡罗法等。

3. 定性分析和定量分析相结合

依据风险的复杂程度和重要性选择适当的分析方法,因此在风险分析中往往采用定量和定性相结合的方法进行评估,两者可以形成互补。

(四)综合分析实施

风险分析的参与者一般由企业的风险管理部门组织有关职能部门和业务单位实施,也可聘请专业机构协助实施。风险分析是一项具有较高难度的复杂工作,聘请外部专业团队是有必要的,特别是在公司导入风险管理的阶段。不同风险分析组织方式的优势与劣势详见表3-6。

表 3-6 不同风险分析组织方式的优势与劣势

	由风险管理部门负责	由专业机构负责
优势	更直接的管理控制; 对于内部运作情况有很好的了解; 敏感性信息的保密性较高	能更快地开展工作,有强大的后台支撑,包括风险管理方法、技术和专业人员等; 能灵活配置人员和技术组合,更易控制风险管理的成本
劣势	准备时间很长,包括人员安排与培训等; 不易掌握最新的风险管理方法和工具; 对风险管理实施方法的需求波动缺乏弹性处理	可能导致管理层对风险管理监控责任感的降低; 了解企业的运营流程需要时间

(五)撰写风险分析报告

风险分析的结论以正式的文本形式呈现,应至少包括以下内容:

1. 风险发生的可能性

在风险分析报告中,某个特定风险事项发生的可能性有"极低""低""中等""高""极高"五种情况。

2. 风险对目标的影响程度

按照影响的结果,一般将风险对目标的影响程度分为"不重要""次要""中等""主要""灾难性"五级。

3. 风险重要性评级

根据风险对实现经营目标的影响程度的大小,管理层在风险分析报告中要就该风险对企业的重要性评定等级,并结合评级画出综合风险地图。这个风险地图有很大的弹性,可以纳入其他标准,包括潜在的财务影响,对关键战略执行的影响和给企业带来的资本、收益、现金流和品牌资产的影响等。影响程度越高,风险就越大。

4. 综合风险地图

通过对风险发生可能性的高低和对目标影响程度的分析,结合所给出的风险重要性评级绘出综合风险地图,以此初步确定对各项风险的管理优先顺序和策略,并制定风险的应对方案。

(六)建立风险分析数据库

把风险分析过程的数据或记录加以保存,使之成为企业风险管理数据库的重要组成部分。

四、风险分析的方法

(一)风险坐标图

风险坐标图是把风险发生可能性的高低、风险发生后对目标的影响程度作为两个维度绘制在同一个平面上。对两个维度的评估有定性、定量等方法。定性方法是直接用文字描述风险发生可能性的高低、风险对目标的影响程度,如"极低""低""中等""高""极高"等。定量方法是对风险发生可能性的高低、风险对目标的影响程度用数量描述,如用概率来表示风险发生可能性的高低,用损失金额来表示风险对目标的影响程度。

对两个维度进行定性或定量评估后,依据评估结果绘制风险坐标图。例如,某公司绘制了如图 3-6 所示的风险坐标图,并将该图划分为 A、B、C 三个区域,公司决定承担 A 区域中的各项风险且不再增加控制措施;严格控制 B 区域中的各项风险且专门补充制定各项控制措施;确保规避和转移 C 区域中的各项风险且优先安排实施各项防范措施。

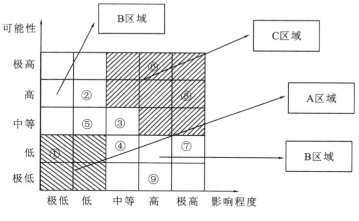

图 3-6 某公司的风险坐标图

(二)情景分析

情景分析是评估一个或多个事项变动对目标产生的影响的方法。它通过想象、联想和猜想来构思和描绘未来可能的情况,从而为制定风险应对策略提供支持。这是一种自上而下的,考虑"如果……要……"问题的分析方法,衡量的是某事件或事件组合对企业将会产生的影响。

情景分析的主要程序如下:

(1)确定分析的主题,明确分析的范围;

(2)建立风险数据库,并将风险按其对目标的影响进行分类;

(3)构思风险的各种可能的未来图景;
(4)设想一些突发事件,看其对未来情景可能的影响;
(5)描述在未来各种状态的发展演变途径。

情景分析可以结合经营连续性计划、估价系统故障或网络故障的影响来使用,从而反映风险对企业经营的全面影响。情景分析法在以下情况特别有用:提醒决策者注意某种措施或政策可能引起的风险或危机性的后果;建议需要进行监控的风险范围;研究某些关键性因素对未来的影响;提醒企业注意某些技术的发展可能带来的风险。

(三)敏感性分析

敏感性分析是通过分析、预测项目主要因素发生变化时对经济评价指标的影响,从中找出敏感因素,并确定其影响程度的方法。它通过逐一改变相关变量的方法,来解释关键指标受这些因素变动影响的规律,找出对投资项目经济效益指标有重要影响的敏感性因素,并分析、测算这些因素对项目经济效益指标的影响程度和敏感性程度,进而判断项目承受风险的能力。

敏感性分析的具体操作步骤如图 3-7 所示:
(1)确定敏感性分析的对象,即选择评价指标;
(2)选择敏感性分析的风险因素;
(3)确定系统目标对各种敏感性因素的敏感程度;
(4)分析比较,找出最敏感因素,并对风险情况做出判断。

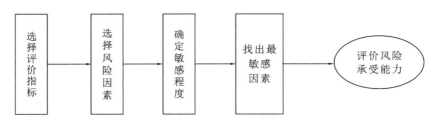

图 3-7　敏感性分析的操作步骤

(四)蒙特卡罗法

蒙特卡罗法是先建立一个概率模型或随机过程,然后以随机产生的风险因素回报值来模拟组合的收益分布的一种随机模拟数学方法。该方法用来分析和评估风险发生的可能性、风险的成因、风险造成的损失或带来的机会在未来的变化趋势,可以随机模拟各种变量间的动态关系,解决某些具有不确定性的复杂问题。具体操作步骤如下:

(1)量化风险。将需要分析评估的风险进行量化,明确其度量单位,得到风险变量,并收集历史相关数据。

(2)根据对历史数据的分析,借鉴常用的建模方法,建立能描述该风险变量在未来变化的概率模型。建立概率模型的方法很多,大致分为两类:一类是对风险变量之间的关系及其未来的情况做出假设,直接描述该风险变量在未来的分布类型(如正态分布),并确定其分布参数;另一类是对风险变量的变化过程做出假设,描述该风险变量在未来的分布类型。

(3)计算概率分布的初步结果。利用随机数字发生器,将生成的随机数字代入上述概率模型,生成风险变量的概率分布初步结果。

(4)修正完善概率模型。通过对生成的概率分布初步结果进行分析,用实验数据验证模型的正确性,并在实践中不断修正和完善。

(5)利用该模型分析和评估风险。

(五)压力测试

压力测试是指在极端情景下,分析和评估风险管理模型或内控流程的有效性,发现问题,制定改进措施的方法。极端情景是指在非正常情况下,发生概率很小,而一旦发生,后果十分严重的事情。压力测试可以用来分析那些没有被充分捕捉的低可能性、高影响力的事件。与敏感性分析类似,压力测试通常用来评估经营事项或金融市场中各种变化的影响,其目的是防止出现重大损失事件,具体操作步骤如下:

(1)针对某一风险管理模型或内控流程,假设可能会发生的极端情景。假设发生极端情景时,不仅要考虑本企业或与本企业类似的其他企业出现过的历史教训,还要考虑历史上不曾出现,但将来可能会发生的事情。

(2)评价极端情景发生时,该风险管理模型或内控流程是否有效,并分析对目标可能造成的损失。

(3)制定相应措施,进一步修改和完善风险管理模型或内控流程。

(六)盈亏平衡分析法

盈亏平衡分析又称平衡点分析,是在一定的市场、生产能力及经营管理条件下,研究成本与收益平衡关系的一种方法。将盈亏平衡分析应用于风险量化,是根据盈亏平衡分析的基本原理和基本方法,侧重研究风险管理中的盈亏平衡点的分析,即对产量、成本和利润三者之间的平衡关系进行研究分析,确定产量、价格、成本等方面的盈亏分界线,据此判断在各种不确定因素作用下企业的适应能力和对风险的承受能力。盈亏平衡点越低,表明企业适应变化的能力越强,承受风险的能力也越强。

第五节 风险应对

案例分析3-4

耐克公司是经营消费品最成功的企业之一,也是世界上最大的一家运动鞋供应商。耐克公司有一句响亮的口号,那就是"只卖鞋不做鞋"。为什么这么说呢?这是因为公司把全部的精力放在设计、销售和品牌的维护上,不设自己的工厂,不雇用工人,不购置生产设备,不直接生产鞋,就连新设计的样鞋都是交给外面的厂家制作。耐克公司的经理人员跑遍世界各地,专门物色承包商,以寻找成本更低、质量更有保障、交货更准时的厂家。这样,一旦某厂家生产的鞋质量不合格或成本上升,耐克公司便立刻停止订货,而与另一厂家合作。

按照耐克公司的经营之道,它所关心的是设计新样式、保证质量和交货期,并把生产成本尽可能地压低。至于厂房、设备、职工的工资等方面公司完全不管。这样耐克公司就通过外包把生产经营风险转移给了承包商。

风险应对是指在风险识别和风险分析的基础上,针对企业存在的风险因素,采取适当的方法和措施,对风险加以有效应对,以降低风险的过程。

《企业内部控制基本规范》第三章第二十五条规定,企业应当根据风险分析的结果,结合风险承受度,权衡风险与收益,确定风险应对策略。第二十六条规定,企业应当综合运用风险规避、风险降低、风险分担和风险承受等风险应对策略,实现对风险的有效控制。

一、风险规避

风险规避是指企业对超出风险承受度的风险,通过放弃或停止与该风险相关的业务活动以避免和减轻损失的策略。即企业直接拒绝承担某种风险。例如退出一条产品线、拒绝拓展新的市场,或者卖掉一个分部等,都属于风险规避。

(一)风险规避的方式

(1)完全放弃,是指企业拒绝承担某种风险,根本不从事可能产生某些特定风险的活动。例如企业计划从事某产品外包业务,但发现此类产品竞争激烈,最终企业决定完全放弃开展此产品外包业务。

(2)中途放弃,是指企业终止承担某种风险。

(3)改变条件,是指改变生产活动的性质、生产流程或工作方法等以规避风险。

(二)风险规避的具体实施措施

风险规避的具体实施措施详见表3-7。

表 3-7 风险规避的具体实施措施

措 施	具 体 描 述
剥离	通过适当的措施剥离资产,这些措施包括退出某市场或地域、出售、清算或分立某产品类别或业务等
禁止	通过制定适宜的企业规章制度,禁止从事风险大的活动和交易
终止	通过重新确立目标、调整战略和政策的重心或者改变资源配置的方向终止某些活动
限制	提高业务发展和市场定位的针对性,限制企业活动的范围,避免因追逐偏离战略的机会而产生的风险
筛选	筛选替代的资本和投资项目,避免低收益或高风险的行为
消除	通过规划和实施内部防范流程,力求控制风险产生的源头

(三)风险规避的优势与不足

1. 优势

(1)能够做到事前控制。不仅能够在风险事件发生后止损,而且能在事前有效降低风险发生的概率,从源头上避免可能遭受的损失。

(2)风险规避策略通过限制企业经营和管理行为,可以有效防止企业盲目投资及非理性经营活动,从而节约企业资源。

2. 不足

(1)企业可能因完全放弃某项风险活动而丧失可能盈利的机会。

(2)有些风险无法规避,如自然灾害、经济危机等基本风险。

(3)在放弃某项风险活动时,可能又会产生新的风险。如为规避陆运的风险,而改成航运,由此产生航运风险。

(四)风险规避的适用情况

基于风险规避的优势和不足,风险规避主要适用于以下情况:

(1)某项风险发生的可能性很高或影响程度超出企业可防范和控制的范围。

(2)当采用其他风险应对策略的成本高于其效益时,可以采用风险规避。

(3)在企业为实现某项目标有多种备选方案,且各方案的风险程度不同时,企业可以放弃高风险方案从而规避风险。

二、风险降低

风险降低是指企业在权衡成本效益之后,准备采取适当的控制措施降低风险或减轻损失,将风险控制在风险承受度之内的策略。风险降低的目的在于积极改进风险特性,使其能为企业所接受,从而使企业不丧失获利机会。因此,相对于风险规避而言,风险降低是较为积极的风险处理策略。

风险降低分为风险分散、风险分摊以及企业内部活动控制三种方式。

(一)风险分散

风险分散是指将企业面临的风险划分为若干较小而价值低的独立单位,分散在不同的空间,以减少企业遭受风险损失的程度。其目的是减少任何一次损失发生造成的最大可能损失的幅度。

风险分散的具体措施包括:

(1)分散。将货币、实物和信息等资产分散开,防止风险事件发生时全部资产均受到影响,从而降低风险的影响程度,即"不把鸡蛋放在一个篮子里"。分散手段的应用十分广泛。

(2)多元化。使公司经营模式中财务、实物、客户、员工、供货商和组织资产的持有状况实现多元化。

(二)风险分摊

风险分摊是指基于企业的风险承受能力和企业风险识别与分析的结果,管理者认为风险的影响超出了企业的风险容限,采取与其风险承受企业共同承受某一领域的风险,以此达到降低本企业所承受的风险的目的。由于风险与收益的相互配比,企业承担的风险与可能获得的利益正相关。

就某一风险性项目而言,风险分摊的形式往往表现为联合投资。联合投资是在投资协议的约束下,各出资企业根据自身条件决定出资额度、出资时间和出资方式等,在项目运行期间根据出资情况及合同约定各自承担风险并分配利益的投资形式。联合投资能够有效地将一个投资项目的风险分摊到多个企业,从而降低每个企业承担的风险。联合投资还有利于资源的优化配置,促进项目的高效运行,并缓解同行业竞争,从而降低该项目的总体运行风险。

联合投资的弊端在于,各个投资企业都力求以最低的成本获得相对高的收益分配,容易出现不利于项目整体良性运行的行为,也就使得风险分摊的效果欠佳。

(三)企业内部活动控制

企业可以通过控制内部活动流程、活动准则、行为方式等手段达到降低风险的目的。这是企业经常采取的降低风险的方式。

相对于风险规避,风险降低是一种比较积极的风险应对策略,该策略的实施既能将剩余风险控制在企业的风险承受度内,又不会使企业错失获利的机会。

三、风险分担

风险分担是指企业借助他人力量,采取业务分包、购买保险等方式以及适当的控制措施,将风险控制在风险承受度以内的策略。风险分担与风险降低类似,是将风险降低到与企业风险承受度相协调的水平。企业可以通过保险或非保险方式进行风险转移。

(一)非保险转移

1. 外包

外包转移是指企业在风险识别与分析的基础上,结合成本效益原则,将风险较大、收益较小的非核心业务及其控制权交由其他企业或机构完成,从而将相应的风险(如产品质量风险、技术风险、资金风险等)转移给承包者。企业进行外包需要以具有竞争力的核心业务为基础,这样才能充分利用外部资源,降低风险和成本,提高企业运营效率。

2. 委托

委托转移是指企业将其部分资产委托给受托方代为保管并签订委托合同。一般而言,委托合同会规定相关条款以确保在委托物受损时,受托企业对委托企业负有一定的赔偿责任,而委托企业需要支付一定的保管费用。这样委托企业就将委托物的潜在损失转移给了受托企业。

3. 租赁

租赁转移是指通过签订租赁合同将有形或无形资产的使用权让渡给承租方,所有权并不转移,同时承租方缴纳一定的租金。通过租赁方式,承租方可以将购置或开发某项资产的风险转移给出租方。

4. 售后租回

售后租回是指企业通过签订合同将某项资产出售后租回部分或全部资产,这种方式通常既能将售出资产可能引发的风险转移给购买方,又能缓解企业自身的资金风险,同时还可以继续从事相关经营活动。

(二)保险转移

保险转移是企业通过与保险公司签订保险合同将风险转移给保险公司的一种风险转移方式。投保企业需要缴纳一定的保险费用,保险公司通过分析企业风险,组建保险基金,在风险事故发生后对投保企业进行补偿。

企业在投保时应充分进行风险识别和风险分析,并进行成本与效益的权衡。企业对于自身不能控制的、无法通过控制实现转移的风险,或者根据外部与内部环境的变化对风险控制效果有一定的担忧时,可以采用风险转移的方式分担风险。

四、风险承受

风险承受是指不采取任何措施去干预风险发生的可能性或影响。具体来说,风险承受是企业对风险承受度以内的风险,在权衡成本效益后,不准备采取控制措施降低风险或者减轻损失的策略。

企业承担风险的方式可以分为无计划的单纯自留或有计划的自发保险。无计划的单纯自留,主要是指对未预测的风险所造成损失的承担方式;有计划的自发保险是指对已预测到的损失的承担方式,如资产减值准备、坏账准备,对一些市场价值很小的设备不采取保管措施等。

(一)风险承受的优势

从总体来讲,企业采用风险承受策略具有以下优势:

(1)成本较低。从长远来看,保险费用等其他费用总金额可能会超过平均损失。

(2)控制理赔过程。企业可以通过采用风险承受策略控制理赔过程。

(3)提高警惕性。在采用风险承受策略的情况下,企业更注重损失控制,会尽可能减少损失发生的频率和损失的严重程度。

(4)有利于货币资金的运用。与购买保险相比,对于企业来说,如果不发生损失事件,就丧失了对缴纳保险费用的所有权和使用权;即使发生了损失事件,企业获得了经济赔偿,也会在一定时间内丧失对货币的紧急使用权。在采用风险承受策略的情况下,可以使这笔资金得到较好的运用。

(二)风险承受的劣势

采用风险承受策略有以下劣势:

(1)可能会有巨额亏损。在特殊情况下,例如发生巨灾等,采用风险承受策略可能会使企业面临巨额损失的风险,甚至危及企业的生存和发展。

(2)可能产生更高的成本费用。在风险承受策略下,企业往往需要聘请专家进行指导和评估,在某些情况下,可能会支出更多的费用。

(3)获得服务种类和质量的限制。由于企业自身实力有限,当采用风险承受策略时,就失去了本来由保险公司提供的一些专业化服务。

五、风险应对策略的选择

根据《企业内部控制基本规范》第三章第二十七条规定:"企业应当结合不同发展阶段和业务拓展情况,持续收集与风险变化相关的信息,进行风险识别和风险分析,及时调整风险应对策略。"企业在选择风险应对策略时,应结合自身的风险承受能力,并考虑成本效益原则。具体而言,应遵循以下规则:

(1)对超出整体风险承受能力或者具体业务层面上的可接受风险水平的风险,应当实施风险规避策略。

(2)对在整体风险承受能力和具体业务层面上的可接受风险水平之内的风险,在权衡成本效益之后可以单独采取进一步的控制措施以降低风险、提高收益或者减轻损失的,可以实施风险降低策略。

(3)对在整体风险承受能力和具体业务层面上的可接受风险水平之内的风险,在权衡成本效益之后可以借助他人力量,采取业务分包、购买保险等进一步的控制措施以降低风险、提高收益或者减轻损失的,可以实施风险分担策略。

(4)对在整体风险承受能力和具体业务层面上的可接受风险水平之内的风险,在权衡成本效益之后无意采取进一步控制措施的,可以实施风险承受策略。

本章小结

风险是不能实现目标的可能性,目标设定是风险识别、风险分析和风险应对的前提。在企业管理者识别和分析实现目标的风险并采取行动来管理风险之前,首先必须有目标,它是风险评估的前提。企业应当按照战略目标,设定相关的业务层面目标,并根据设定的目标合理确定企业整体风险承受能力和具体业务层次上的可接受风险水平。

风险识别是指对资产当前或未来所面临的和潜在的风险加以判断、归类和对风险性质进行鉴定的过程。风险识别主要有六种方法:德尔菲法、现场检查法、风险清单法、财务报表分析法、流程图法和因果图法。

风险分析是结合企业特定条件在风险识别的基础上,运用定量或定性方法进一步分析风险发生的可能性和对目标实现的可能影响程度,并对风险的状况进行综合评价,为制定风险管理策略、选择应对方案提供依据。风险分析是风险应对的基础,没有客观、充分、合理的风险分析,风险应对将无的放矢、效率低下。风险分析的方法主要有六种:风险坐标图、情景分析、敏感性分析、蒙特卡罗法、压力测试和盈亏平衡分析法。

企业应当根据风险分析情况,结合风险成因、企业整体风险承受能力和具体业务层面上的可接受风险水平,同时考虑成本效益原则,确定风险应对策略。风险应对具体包括四种策略:风险规避、风险降低、风险分担和风险承受。

思考题:
(1)风险的主要来源有哪些?
(2)目标设定应遵循哪些原则?
(3)风险识别有哪些方法?这些方法的优点和局限性是什么?
(4)风险分析的方法有哪几种?
(5)风险应对的策略有哪些?各种策略的优点和局限性是什么?
(6)风险应对的策略选择应遵循哪些原则?

案例思考

雅虎帝国:互联网巨星的陨落

2017年6月13日,美国移动网络运营商Verizon宣布,其已经完成对雅虎核心互联网业务的收购,雅虎首席执行官玛丽莎·梅耶尔将离职。

2016年7月,Verizon与雅虎达成协议,Verizon宣布以48.3亿美元的价格收购雅虎的核心业务。但由于雅虎之后被曝出两起数据泄露案件,收购交易一度停滞。Verizon随后选择下调收购价,经过多次协商,最终收购价格定为44.8亿美元,较原定价格下跌3.5亿美元。

收购交易完成后,雅虎的互联网业务与AOL品牌相整合,成立新的子公司"Oath";而雅虎的剩余资产更名为"Altaba",主要包括所持有的阿里巴巴的股份(15%)、雅虎日本的股份(35.5%)、现金、可转换票据、特定小规模投资以及被称为"Excalibur"的非核心专利组合。从此之后,作为一家独立公司的雅虎成为历史,这颗互联网世界的巨星就此陨落。

雅虎代表了一个时代,它在20世纪50年代开创了互联网新闻门户的行业模式。其前身是由杨致远和大卫·费罗在1994年1月创立的互联网导航。1995年3月2日雅虎正式成立,雅虎在2000年迎来其巅峰时期,市值一度超过1000亿美元,一直到2004年年末,雅虎市值都凌驾于亚马逊和苹果公司之上,被视为20世纪互联网奇迹的创造者之一。

在2006年的全球互联网排行上,雅虎、雅虎日本和雅虎中国均进入前20名,分列第一、第七和第十四名。美国的Google、Facebook,中国的新浪、搜狐和网易三大门户网无一不是雅虎的追随者和模仿者。

从1994年创办到2017年,23年过去了,这位昔日王者已没落,最后不得不被贱卖。

不同于其他行业巨头,谷歌有搜索引擎、Facebook有社交平台、亚马逊有电商平台等,雅虎一直缺乏自身的商业定位。

雅虎最早以搜索业务起家,可为了广告收入却放弃了自主搜索引擎的开发。搜索引擎上,雅虎在与谷歌的竞争中落败,差距逐渐被拉大,此后几度转型均未能成功。玛丽莎·梅耶尔担任CEO后,又专注于给用户提供信息、连接和娱乐等服务。雅虎每一次"改变",要么错过了行业良机,要么丧失了个性标签。因此,到最后连雅虎都分不清自己究竟是怎样的一家公司。

2012年7月,玛丽莎·梅耶尔出任雅虎CEO,先后收购了50多家公司,涉及社交网站、轻博客、视频、游戏、电话会议系统等领域,共计花费了23亿美元。可惜,不少公司在被收购后不久便关停了业务,雅虎因此被称为"创业公司杀手"。

随着规模越来越大,雅虎官僚作风日盛,造成组织资源的大量浪费。迄今为止,互联网领域最成功的公司基本都是创始人主导,唯独雅虎是职业经理人主导。雅虎23年换了7任CEO,最长的任期6年,短的仅4个月就被董事会赶下台。

互联网发展日新月异,雅虎却在管理层频繁的变动与更换中,摩擦内耗、左右摇摆,与其他互联网巨头的差距越来越大,最终走向衰落。

思考:(1)雅虎公司存在哪些主要风险?

(2)雅虎公司由胜至衰的历程对其他公司有何启示?

本章练习题

第四章 控制活动

案例导入

顶级互联网公司为何栽在三个骗子手里?

"损失1624万元广告费,还被三个骗子耍得团团转。"2020年,腾讯老干妈事件在网上闹得沸沸扬扬,这起年度最大乌龙事件不仅成为很多人茶余饭后的谈资,同时也让腾讯公司沦为2020年最大的笑话。顶级互联网公司竟然栽在三个骗子手里。不过相比事件本身的匪夷所思,外界更关心的是,在这起疑点重重的乌龙事件中,腾讯公司作为互联网行业巨头,为何会栽在三个骗子手里?这三个骗子为何要冒着可能坐牢的风险给老干妈打广告?

事件回顾:

腾讯老干妈事件还要从一则诉讼说起。2020年6月29日,来自中国裁判文书网的公开信息显示,原告深圳市腾讯计算机系统有限公司(简称"腾讯")诉被告贵阳南明老干妈风味食品销售有限公司、贵阳南明老干妈风味食品有限责任公司(简称"老干妈")服务合同纠纷一案中,广东深圳南山区人民法院认为,原告的申请符合法律规定,裁定查封、冻结被告贵阳南明老干妈风味食品销售有限公司、贵阳南明老干妈风味食品有限责任公司名下1624.06万元的银行存款或查封、扣押其等值的其他财产。

同年6月30日,针对腾讯请求查封老干妈公司财产一事,腾讯方面对外回应表示,此事系老干妈在腾讯投放了千万元广告,但无视合同长期拖欠未支付,腾讯被迫依法起诉,申请冻结对方应支付的欠款金额。

闻名国内外的老干妈竟然拖欠腾讯巨额广告费?该消息一经曝出,外界一片哗然。当日晚间,老干妈发布正式声明称,公司从未与腾讯公司或授权他人与腾讯公司就"老干妈"品牌签署《联合市场推广合作协议》,且从未与腾讯公司进行过任何商业合作。关于此事,老干妈公司认为腾讯公司被骗了,并向警方报案。

腾讯状告老干妈拖欠广告费,而老干妈却说腾讯被骗了。一时间,吃瓜群众反而不知所措了。让所有人都意想不到的是,就在这个时候,剧情出现了神反转。

2020年7月1日,贵阳市公安局双龙分局发布通报称,经初步查明,系犯罪嫌疑人曹某(男,36岁)、刘某利(女,40岁)、郑某君(女,37岁)伪造老干妈公司印章,冒充该公司市场经营部经理,与腾讯公司签订合作协议。其目的是获取腾讯公司在推广活动中配套赠送的网络游戏礼包码,之后通过互联网倒卖获取非法经济利益。

一时间,网上热议连连。腾讯被骗了?老干妈无辜躺枪?众说纷纭。同时也因为此次事件,腾讯霸占热搜好几天。而腾讯和老干妈自然也没有错过这个绝佳的宣传机会。

关于腾讯老干妈事件的三点疑问:

第一,按照正常流程,最基本的合同审批流程为:业务部门发起—项目主管部门—财务投资部门—法务部门或风控部门—相应公司负责人。在此过程中,骗子及其伪造的"萝卜公章"是如何骗过腾讯公司业务部门和法务部门的?

第二,从双方合作的最终呈现结果看,QQ飞车游戏内的装备不光有老干妈的品牌呈现,还有周边产品以及各种宣传物料的设计呈现。这也就意味着,在此过程中,不仅需要伪造印章,还需要协助完成品牌植入的设计图、logo、ppt、宣传物料、策划书等一系列工作。如此浩大的工程量,三个嫌疑人是如何成功突破腾讯的层层内控,最终结案了一项1624万元的项目?其真实动机究竟是什么?

第三,从项目签约到结案,整个合作期长达几个月。在此过程中,老干妈对于腾讯的推广真的不知情吗?合作中出现的"腾讯联合老干妈"包装的辣椒酱是谁生产的?

思考:假合同的锅究竟应该由谁来背?

第一节 不相容职务分离控制

一、不相容职务分离控制的定义

我国《企业内部控制基本规范》第二十九条规定:"不相容职务分离控制要求企业全面系统地分析、梳理业务流程中所涉及的不相容职务,实施相应的分离措施,形成各司其职、各负其责、相互制约的工作机制。"不相容职务分离控制是在企业整个经营管理活动中,在内部牵制条件下进行的职务分离。

通俗地讲,不相容职务是指员工既当运动员又当裁判员的职务。在企业中,如果一名员工可以通过某一职务弄虚作假、舞弊,又可以通过他所担任的另一职务掩盖,那么这两个职务就被称为不相容职务。比如,出纳人员负责填写银行存款日记账,同时该出纳又负责编制银行存款余额调节表,他就有可能隐瞒银行存款的金额,同时对银行存款余额调节表进行调节,神不知鬼不觉地亏空企业资金却难以及时被发现。

其实在企业内部控制发展的第一阶段——内部牵制阶段,就已经体现了不相容职务应当分离。可见,不相容职务分离控制是企业正常经营管理活动有序开展的最基本要求。

二、不相容职务分离控制制度的制定

在制定不相容职务分离控制制度之前,首先应明确在企业经济业务活动中,究竟有哪些活动,其次考虑哪些职务需要分离。

从一般业务活动流程来看,首先应当进行可行性研究,然后进行授权审批,审批通过后,进入业务经办阶段。在进行业务经办的过程中,还会涉及审核监督以及相应的财产保管和会计记录。结合上述业务流程,制定不相容职务分离控制制度时应注意以下几个方面。

1. 可行性研究与授权审批应当分离

可行性研究是员工从总体出发，对企业的技术、经济、财务、商业等多个方面进行分析和论证，以确定项目是否可行，为投资决策提供科学依据。如果员工既是做可行性研究的人，又是对该项目进行授权审批的人，这便是典型的既当运动员又当裁判员的情况。

2. 授权审批与业务经办应当分离

项目经过授权审批后，进入业务经办阶段。比如公司销售部门的主要任务是创造销售业绩，所以该部门希望产品卖得越多越好。现实中，企业销售产品的结算方式较多，其中赊销方式是较为常见的一种，但并非所有客户都可以选择赊销方式，需要考虑客户的信用情况等，客户是否属于可以赊销的对象应当由授权审批部门决定，不能由销售部门决定。

3. 业务经办与审核监督应当分离

业务经办过程中可能会存在问题，包括业务实施的进度、业务执行的情况，此时需要外部积极采取措施，严格开展审核监督工作，保证业务活动有序推进。这就要求审核监督人员必须站在客观的立场，才能实现客观的高质量的监督。

4. 业务经办与财产保管应当分离

业务经办职务与财产保管职务的分离，不仅能够有效防止可能存在的财务风险，而且能够实现两者的相互制约、相互监督，防止相关人员依托职务之便以权谋私，有效保证财务经济的可靠性。如果材料的采购与仓库的保管由同一个人负责，在缺乏监督的情况下，此人可能会虚报数量、价格等。

5. 业务经办与会计记录应当分离

以企业业务经办职务中最常见的采购人员为例，采购人员不能兼任单位的会计记录人员，主要是考虑到相关联的岗位极容易产生徇私舞弊现象，例如虚开发票、虚假报销等，为了保证财务工作的科学、合理展开，相关联的部门职务应予以分离，防止因为工作便利而促使工作人员产生思想上的松懈，进而造成企业财务损失。

6. 财产保管与会计记录应当分离

会计与出纳相分离是企业中最典型的财产保管与会计记录分离控制的体现。尽管这是最基本的职务分离制度，但在现实中并未真正贯彻落实，使得企业内控失效，为了避免给企业造成极大的经济损失，需要坚持财产保管职务与会计记录职务的分离。

案例分析4-1

公款打赏女主播，90后会计终获刑

"都怪我，没能抵挡住网游的诱惑。"江苏省连云港市赣榆区纪委监委组织开展的全区财会人员专题警示教育大会上，在播放的专题片中，一个名为项上的年轻人讲述了自己的错误行为。

项上，男，1994年9月出生，某国有公司赣榆分公司原出纳会计。作为年轻的90后，家中独子，从小学到高中，项上的成绩一直很优秀，直到2013年顺利考入江苏科技大学后，他迷上了网络游戏，并且深陷其中不能自拔。

"打网络游戏需要花钱买装备，我上大学时，父母给的生活费除了吃饭之外，基本上没有余钱。当时正好出现了校园贷，而且手续简单，我很轻易地就拿到了第一笔校园贷款1800元，买了第一批游戏装备。"就这样,临近毕业时,项上的欠款连本带息竟然高达 8 万元,父母不得不帮他还清贷款,项上也当着父母的面发誓,保证再也不碰网络游戏。

2017 年 10 月,项上通过招聘考试,被该国有公司赣榆分公司录用为出纳会计。作为新入职的员工,项上也曾想好好工作,开始自己崭新的人生,拥有全新的生活。

然而,这看似平静的生活很快就被蠢蠢欲动的网瘾打破。2018 年 1 月,他又开始了网上的虚拟狂欢。然而,与大学时不同的是,他不再为没钱充值而犯愁,因为他已经盯上了公司的资金。

"第一次拿公司的钱,是在 2018 年 1 月。当时营业厅的同事交来一笔器材销售款 1000 元,我开了收据,随手把钱放到抽屉里,时间一长,就忘了。后来,也没人过问,我就用来给网游充值了。"项上交代,公司从未对现金账进行过审核,他心里暗喜,便开始用收入现金不入账的方式,截留公款玩游戏。

因为无人监管,他的胃口越来越大,开始虚列开支套取公款。为了不被发现,他将保管的公司现金不入账,虚报多报水电费,将公司应收款截留占有。他还利用管理漏洞,偷拿公司财务经理保管的网银盾,通过网银转账侵占公款,转账之后再将网银盾归还原处。

从 2019 年 4 月开始,项上成为一名网络女主播的忠实粉丝,他虚构"富二代"的身份给主播打赏,为了有足够的打赏资金,项上一次次以各项费用支出名义套取公款。"我打赏网络主播,就像玩真人互动的网络游戏一样,每天忍不住要给主播刷礼物。"

游戏充值的数额还不算太大,一次几百到几千元,而打赏主播就没上限了,从几千、几万元到十几万元不等,就为了能够让他喜欢的主播排名靠前,而他跟这些主播连面都没见过,仅仅是为了一种虚无的满足感。就这样,2018 年 1 月到 2019 年 7 月,约 386 万元的公款被项上挥霍掉了。

"我知道欠债还钱的道理,更知道公司的钱是不能动的,但我还是没有管住自己的手。"2019 年 4 月,项上上演了最后的疯狂。他带着最近收取的未入账的约 4 万元现金,以及最后从公司套取的约 6 万元,打车来到湖南某处偏僻的山区,用他自己的话说:"不管以后怎么样,先过几天清静日子再说。"

2019 年 8 月 20 日,连云港市赣榆区纪委监委根据市监委指定管辖要求,对项上涉嫌职务违法线索予以初核;8 月 23 日,经赣榆区纪委监委研究,对项上予以立案调查,随后项上被采取留置措施。2020 年 2 月 10 日,项上因犯职务侵占罪被赣榆区人民法院判处有期徒刑五年六个月。

第二节 授权审批控制

一、授权审批控制的定义

根据我国《企业内部控制基本规范》的规定,授权审批控制要求企业按照授权审批的相关规定,明确各岗位办理业务和事项的权限范围、审批程序和相应责任。企业内部各级管理人员必须在授权范围内行使职权和承担责任,业务经办人员必须在授权范围内办理业务。授权审批的范围应当包括企业的所有经营活动。同时,授权审批的层次应当根据经营活动的重要性以及金额的多少划分为不同层级。被授权者在行使授权审批职责时应当明确职责权限,避免出现职责交叉、权责不明的情况,影响企业的经营效率。

二、授权控制

通过恰当的授权可以减少管理者的工作负担,提高工作效率。通过授权可以使管理层发现人才、培养人才。其次,适当的授权是对下属信任的体现,有利于调动下属工作的积极性。适当的授权,更能避免出现"一言堂"的情况,能够减少企业在经营管理中的决策错误。

(一)基本原则

1. 授权明确

授权者向下级进行授权时,必须向下级明确所授事项的任务目标、权限大小、权限范围以及权限的起止时间。在制定授权事项时,需要明确哪些事项可以授权,哪些事项不可以授权。同时制定相应的授权管理办法,明确工作职责,防范经营风险,提高工作效率,避免出现互相"踢皮球"、工作推诿的情况。

2. 适当授权

授权的目的是更好地实现企业目标。应当通过程序进行一定限度内的授权,不得越级授权。在授权的过程中,对适当性的把握是关键。授权过多,可能会导致滥用职权的情况,尤其对于"三重一大"的事项,应当实施集体决策、审批或者联签制度。而授权太少,难以提高员工的工作效率和积极性。

3. 权责对等

授权的同时,要明确被授权者的责任,也就是带责授权。被授权者拥有的权力应当与其承担的责任一致。不能只赋予其权力而不让其履行职责。同样的,也不应当只要求被授权者承担责任,而不赋予其实际权力。适当授权是落实权责对等原则的重要方面。

(二)类型

1. 常规授权

常规授权是指企业在日常经营管理活动中按照既定的职责和程序进行的授权。常规授权时效性通常较长。根据《企业内部控制基本规范》的规定,应当编制常规授权的权限指引。在一般情况下都可以根据企业编制的常规授权权限指引开展日常的工作。比如采购部门拥有制订采购计划的权力,生产部门拥有安排员工完成生产计划的权力。但在制定常规授权的授权范围时,应当在合理范围内进行授权,防止授权过大或者过小。

2. 特别授权

特别授权是专门针对企业在面临特殊情况时或在特定条件下进行的临时性授权。通过特别授权可以在一些突发情况下及时做出决策,避免因烦琐的流程耽误事件的进度。

3. 充分授权

充分授权是管理者在授权那些重大而复杂的创新性任务时,授予下属足够大的权力,使他们有广阔的发展空间,拥有足够灵活的工作方式,允许他们自己决定行动方案,进行创造性工作。充分授权一般适用于重要性较高的工作。

4. 不充分授权

不充分授权是指管理者对于工作范围、内容、应达成的绩效目标和完成工作的具体途径都有具体的要求,下属在接受这种授权后必须按要求执行任务。不充分授权一般适用于全局性的工作。

(三) 形式

1. 口头授权

口头授权是指管理者在工作中,将某项工作或某一方面的权力和责任口头授予下属。口头授权多属于临时性授权。这种权力往往随着工作任务的完成被上级收回或自行失效。

2. 书面授权

书面授权是指管理者将权力以书面形式授予下属。这种授权比较正式,通常采用权限指引表的形式。权限指引表通过量化的形式,采用矩阵表的方式展示,明确在不同的情况下,不同的事项分别授予不同人员的权力。权限指引表能够提高授权审批的可操作性,被授权者能更清楚地知道自己的权限类型和范围。

三、审批控制

(一) 基本原则

1. 审批有据

赋予相关人员审批权的目的在于提高企业的经营效率,实现企业的目标。审批人在行使审批权时,不得随意审批,每一个待审批的事项都与企业的经营目标实现有着密切的关联,务必做到每一项审批都有理有据。

2. 审批有界

由于业务性质以及管理层级的不同,审批权有明确的量化层级划分。审批人在进行审批时,应当严格按照审批权履行审批职责,不得超越权限对事项进行审批,尤其表现在下级违规行使上级的审批权。对于"三重一大"的事项,应当实行集体决策或者联签制度,任何人不得单独进行决策以及擅自改变决策。

(二) 形式

审批应当采用书面形式,避免口头承诺失效。同时,书面审批可以明确责任的划分与承担,如果相关审批还涉及向上一级进行批示,书面审批的方式更有利于进一步的批示。

案例分析 4—2

百年秋林的没落

秋林集团原名秋林商行,是中国境内的第一家百货商店,于 1900 年 5 月由犹太籍俄国商人伊万·雅阔列维奇·秋林在哈尔滨设立。之后秋林集团收购了从事黄金珠宝生产批发的深圳金桔莱的全部股权,开始进军黄金产业,由此埋下祸根。重组"深圳金桔莱"之后,黄金珠宝板块成为秋林集团最重要的业务,该业务板块一直由董事长李亚和副董事长李建新直接负责。早在 2019 年 2 月,秋林集团接到公安局向中国证券登记结算有限公司出具的协助冻结财产通知书,冻结股东嘉颐实业、颐和黄金、奔马投资所持有的公司股权。公司获悉此信息后,第一时间尝试与董事长李亚、副董事长李建新联系,但一直未能联系上。

经历百年风雨的老字号秋林,董事长、副董事长不知去向,价值32亿元的黄金、41亿元家当也不知所终。2021年2月22日,*ST秋林发布2020年年报,公司实现营收1.44亿元,归母净利润为−5.82亿元,公司归母净资产为−22.14亿元。在2021年2月,大信会计师事务所对秋林集团2020年内部控制出具了否定意见的审计报告。秋林集团原董事长李亚和原副董事长李建新曾对子公司越权经营,导致子公司合同签订、存货收发、款项收回的职责分工和制衡机制失效,致使公司产生重大损失。虽然上述事项主要发生在2018年度,但其产生的影响重大、广泛、持续,致使2019年度和2020年度黄金珠宝业务经营停滞,据此认为集团的内控失效。由于秋林巨亏,即将退市,甚至要对三家控股子公司申请破产清算,一家百年企业就此走上末路。

第三节　会计系统控制

一、会计系统控制的定义

会计系统控制是指通过会计的核算和监督系统所进行的控制,主要包括会计凭证控制、复式记账控制、会计账簿控制、会计报表控制及财务成果控制。企业应当按照会计法和国家统一的会计控制规范,对会计主体发生的各项经济业务进行记录、归集、分类和编报,完善会计业务的处理流程,充分发挥会计系统的控制职能。实际上,会计系统控制的有效运行,不仅依赖财务部门的工作,更需要相关部门的配合。

二、会计系统控制的内容

1. 会计准则的选择

我国的企业会计准则是由财政部制定并发布实施的,通常分为《企业会计准则》《政府会计准则》《小企业会计准则》等。企业应当根据其性质以及规模的不同选择恰当的《企业会计准则》或者《小企业会计准则》。

2. 会计制度的选择

会计制度的范围相比会计准则更加广泛,包括财政部的"规定"或者"通知"。企业会计制度是进行会计核算工作必须遵循的规范和标准,是对会计科目、会计报表做出的具体规定。我国的企业会计制度也是由财政部制定并发布实施的,现行的企业会计制度按照企业性质和规模分为《企业会计制度》《金融企业会计制度》《小企业会计制度》,企业同样应当结合自身实际情况进行恰当的选择。

3. 会计政策的选择

企业会计政策是指企业在会计确认、计量和报告中所采用的原则、基础和会计处理方法。企业应当在国家统一的会计准则、制度规定的会计政策范围内选择适用的会计政策。尽管会计政策应当保持前后各期的一致性,一般情况下不能随意变更,但是在符合一定的条件时,企业可以变更会计政策。这给企业会计处理留下了选择的空间,最终目的是提供更可靠、更真实、更公允的会计信息。比如:投资性房地产的后续计量模式在满足特定条件时,可以从成本模式变更为公允价值模式。

4. 会计估计的确定

会计估计是指企业对结果不确定的交易或事项,以最近可利用的信息为基础所做的判断。之所以存在会计估计,是因为有些交易或事项具有不确定性,需要依靠经验做出估计。但随着时间的推移、环境的变化,最初做出会计估计的基础可能会发生相应的变化,需要利用最近可利用的信息做出会计估计变更。但是,这种变更一定要有确凿的证据,不可随意变更,否则会削弱会计核算的可靠性。比如,固定资产在购买时需要估计其使用寿命以及残值,但随着环境的变化、时间的推移,原来估计的使用寿命可能缩短或者残值可能会降低,在有确凿证据的前提下,应当进行相应的会计估计变更。

5. 人员与会计岗位的控制

企业应当依法设置会计部门,配备会计岗位的人员。虽然现在对从事会计工作的人员,没有强行要求其持有资格证书,但如果担任会计机构负责人,则必须具备会计师以上专业技术资格。同时,设置了总会计师的企业不得设置与其职权相重叠的副职。

对于会计岗位的具体设置,企业应当根据规模的大小、业务量的多少等具体情况设置相应的会计岗位。小企业通常业务量较少,不会像大中型企业一样对流动资产核算、固定资产核算、存货核算进行细致划分,会计岗位数量也较少。会计岗位在满足不相容职务分离的前提下,可以一人一岗、一人多岗,也可以一岗多人。

6. 文件与会计资料的控制

企业对经济业务进行账务处理的过程中,会涉及诸多的文件记录、会计凭证、会计账簿以及财务报表。在此环节中,企业应当对涉及的所有文件以及会计资料都进行控制。首先对文件记录、原始凭证、记账凭证都应当连续编号,防止做账时被重复记录或者遗漏,事后也便于核查。在登记相关账簿时,应当严格按照要求启用会计账簿。对于出现的错误按照划线更正法、红字更正法等进行更正,并按照会计准则的相关规定编制财务报表,由相关人员签字盖章。

7. 会计档案的保管与销毁控制

当年企业经济业务事项涉及的会计凭证、会计账簿(包括总账、明细账、日记账、固定资产卡片及其他辅助性账簿)、财务会计报告(包括月度、季度、半年度、年度财务会计报告)以及其他会计资料、电子会计资料等都应当进行归档,并根据10年、30年两类时间进行保管。其中,会计凭证、会计账簿等主要会计档案的最低保管期限已延长至30年,其他辅助会计资料的最低保管期限延长至10年。

会计档案的销毁是会计档案管理的重要环节,新《会计档案管理办法》增加了鉴定销毁环节,鉴定销毁工作是档案销毁的前提和基础,要求单位定期对已到保管期限的会计档案进行鉴定,并形成会计档案鉴定意见书。经鉴定,仍需继续保存的会计档案,应当重新划定保管期限;对保管期满,确无保存价值的会计档案可以销毁。在内部组织监督销毁时,单位档案管理机构负责组织会计档案销毁工作,并与会计管理机构共同派员监督销毁。监督销毁人员在会计档案销毁前,应当按照会计档案销毁清册所列内容进行清点核对;在会计档案销毁后,应当在会计档案销毁清册上签名或盖章。

8. 业务处理程序的控制

企业可以利用在风险评估中提到的业务流程图绘制业务流程,这样可以更清晰地反映整个业务的过程,也能让员工明白自己在业务流程中的地位和应当履行的职责。这也体现出会计系统控制的有效运行,并不只是依赖于财务部门的工作,也需要其他部门的全力配合。

案例分析4—3

激增的应收账款

中国证券监督管理委员会一直以来对大股东违法占用、挪用上市公司资金行为的查处较为严厉,目的是切实保障上市公司和广大投资者的合法权益不受侵害。

早在十多年前,亿阳信通的应收票据、应收账款、其他应收款和预付款项四项净额合计高达17.47亿元,占其总资产的76.68%。这种严重不合理的资产结构令人生疑。

在该公司2020年的内部控制审计报告中,会计师事务所对其内部控制发表了否定意见的审计报告。报告表示,亿阳信通未在每季度末对财务担保合同及控股股东应收款项的预期信用损失情况进行估计,未按照企业会计准则的规定进行计量。此重大缺陷会影响公司对外披露的季度、半年度财务报告中预计负债和信用减值损失等报表项目金额的准确性,与之相关的财务报告内部控制执行失效。有效的内部控制能够为财务报告及相关信息的真实完整提供合理保证,而上述重大缺陷使亿阳信通的内部控制失去了这一功能。

第四节 财产保护控制

一、财产保护控制的定义

财产保护控制,要求企业建立财产日常管理制度和定期清查制度,限制未经授权的人员对财产的直接接触和处置,采取财产记录、实物保管、定期盘点、账实核对、财产保险等措施,确保财产的安全完整。

二、财产保护控制的对象

财产保护控制包括财产账务保护控制和财产实物保护控制。

1. 财产账务保护控制

财产账务保护控制的对象不仅包括财务部门的会计账簿、备查账,也包括行政部门相关的房屋、设备等相关资产的管理台账,生产部门相应的机器设备的管理台账,同时还涉及相应资产的出库入库单等资料。财务部门应当定期拷贝相关的资料文件以及软件,避免资料因意外受损或被盗,而其他相关部门的文件资料应当定期与财务部门进行核对。

2. 财产实物保护控制

在企业财产保护控制中,更多的是指财产实物的保护控制,这里的财产实物主要包括存货、库存现金、有价证券、固定资产等各类有形资产。

三、财产保护控制的方法

结合财产账务和实物的特点,财产保护控制主要有如下方法:

1. 全面清查与抽查

全面清查是指对所有的财产和资金进行全面盘点与核对。清查对象主要包括原材料、在产品、自制半成品、库存商品、库存现金、短期存(借)款、有价证券及外币、在途物资、委托加工物资、往来款项、固定资产等。全面清查的范围广,工作量大,不会随时开展,一般在年终决算这种定期清查时,或者企业撤销、合并或改变隶属关系时才会进行。

抽查,是一种选择性的检查,即有针对性地选择一部分进行检查。抽查可以根据企业需要随时进行,通常是不定期的。抽查的次数,根据企业的实际情况进行恰当的安排。

清查财产时将全面清查与定期清查结合,抽查与不定期清查结合,能够将盘点清查的结果和相应的会计记录进行比较,及时发现资产在管理过程中出现的损失浪费、毁损以及其他账实不符的情况,能够及时查明原因、追究责任、完善相应的资产管理制度,保护企业资产的安全完整。

2. 限制未经授权的接触和处置

《企业内部控制基本规范》规定,企业应当严格限制未经授权的人员接触和处置企业财产。特别是变现能力较强的资产,必须对人员的接触进行严格的限制,只有经过授权批准的人才可以接触相应的资产,防止未经授权的人员直接将相关资产进行变卖。限制接触和处置与不相容职务分离紧密联系,最典型的是出纳可以接触现金,但会计人员不得接触;材料的采购入库由仓库管理人员负责办理入库手续。

3. 财产档案的保管

企业应当建立相应的财产档案,反映企业相关资产的动态变化。财产档案不仅与财务部门有关,行政部门、生产部门也有相关的资料需要建立财产档案。随着电子化、信息化的普及,很多档案资料都采用数字化的形式保存,所以应当及时对相应的信息档案进行备份,以防数据的不慎丢失以及病毒入侵导致数据的毁损。

4. 财产监控制度

企业应当对相关资产进行监控,利用先进的信息技术手段加强监控的力度,安装监视系统,采取防盗措施,尤其对各项资产的出入,除了进行详细的记录外,更应当进行相应的监控。对于监控视频,可以选择不定期抽查的形式进行检查,视频的保存期限应当符合企业的基本要求。现在,利用视频监视系统对企业资产进行保护是常见的方式,这也对监控系统的维护和正常运行提出了更高的要求,企业希望可以借助先进的手段更好地保护企业的财产。

案例分析4—4

广州浪奇5.72亿元存货不翼而飞

2020年9月,继资金紧张债务逾期超3.9亿元后,广州浪奇遭遇了一场离奇事件——5.72亿元存货不翼而飞。广州浪奇发公告称,公司与辉丰公司签订合同,约定公司将货物储存于辉丰公司的辉丰仓。但辉丰否认有货物存储在辉丰公司。截至公告日,在瑞丽仓、辉丰仓库存货物账面价值合计 5.72 亿元。公告中,于 2020 年 9 月 7 日分别向鸿燊公司、辉丰公司发出《关于配合广州市浪奇实业股份有限公司现场盘点、抽样储存于贵司库区的货物的函》,要求鸿燊公司、辉丰公司配合公司进行货物盘点及抽样检测工作。

2020 年 9 月 16 日,广州浪奇收到辉丰公司发来的回复函。辉丰公司表示,其从未与广州浪奇签订过编号分别为 ZC19-20、ZC19-21、ZC19-25、ZC19-39 的仓储合同,广州浪奇也没有货物存储在辉丰公司,因此辉丰公司没有配合盘点的义务;辉丰公司从未向广州浪奇出具过"2020 年 6 月辉丰盘点表",也未加盖过辉丰公司的印章,该盘点表上的印章与辉丰公司印章不一致。2020 年 9 月 18 日,广州浪奇聘请律师前往江苏省盐城市大丰区行政审批局查询辉丰公司的工商内档,但仍未能核实盘点表与回复函上加盖的辉丰公司印章的真实性。

考虑到辉丰公司的回复情况以及鸿燊公司一直未有任何回应,为核实瑞丽仓、辉丰仓的有关情况,公司立即组建了包括外聘律师在内的独立的存货清查小组。存货清查小组于 2020 年 9 月 23 日、24 日前往鸿燊公司、辉丰公司调查了解相关情况,并与鸿燊公司法定代表人、辉丰公司法定代表人进行了会谈。鸿燊公司、辉丰公司均否认保管有广州浪奇存储的货物。这 5.72 亿元,对于广州浪奇是什么概念?财报数据显示,前几年广州浪奇的利润每年都不到一个亿,只有几千万。若按照公司 2019 年全年实现 6237 万元的净利润测算,相当于其 9 年的净利润。难不成这次洗衣粉长脚跑了?

第五节　全面预算控制

一、全面预算的定义

《企业内部控制应用指引第 15 号——全面预算》提到,全面预算是指企业对一定期间的经营活动、投资活动、财务活动做出的预算安排。全面预算涉及企业生产经营全过程,需要全员参与。全面预算由经营预算、专门决策预算以及财务预算三项构成。经营预算是指企业日常业务相关的一系列预算,主要包括采购预算、生产预算、销售预算等。专门决策预算是指专门针对企业一些重大的或者不经常发生的项目,根据特定的决策编制的预算,主要包括企业的投融资决策预算,例如针对企业固定资产的购置编制的预算就是专门决策预算。财务预算是与企业资金的收支、财务状况或者经营成果相关的预算,可以进一步划分为资金预算、预计财务报表预算。预计财务报表预算又包括编制预计利润表与预计资产负债表,与会计做账的顺序相同,财务预算是全面预算体系的最后一个环节,它在整体上反映企业经营预算与专门决策预算的结果。全面预算体系如图 4-1 所示。

二、全面预算控制的实施主体

企业应当建立健全全面预算控制制度,规范预算管理流程,提高预算管理效率。企业实施全面预算控制,应当设立相应的机构,配备相关的人员,建立必要的制度,预算管理的机构设置、职责权限分工以及工作程序应当与企业的组织架构和管理体制相互协调,保证全面预算控

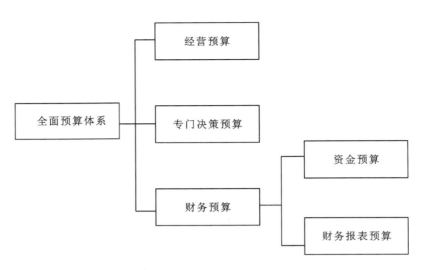

图 4-1　全面预算体系

制各个环节衔接顺畅。

全面预算工作的组织包括决策层、管理层、执行层和考核层,具体如下:

(1)企业董事会或类似机构应当对企业预算的管理工作负总责。企业董事会或者经理办公室可以根据情况设立预算管理委员会或指定财务管理部门负责预算管理事宜,并对企业法定代表人负责。

(2)预算管理委员会负责审批公司预算管理制度、政策,审议年度预算草案或预算调整草案并报董事会等机构审批,监控、考核本企业的预算执行情况并向董事会报告,协调预算编制、预算调整及预算执行中的有关问题等,它是专门履行全面预算管理职责的决策机构。由于企业实行的是全面预算管理,涉及所有部门和全体员工。在进行预算时,预算管理委员会需要能够代表各个部门的人员共同参与。一般由企业负责人任主任,财务总监或者总会计师等人担任副主任。既然是全面预算,那么还应当包括主要职能部门的负责人。

(3)企业财务部门具体负责企业预算的跟踪管理,监督预算的执行情况,分析预算与实际执行的差异及原因,提出改进的意见与建议。

(4)企业内部生产、投资、物资、人力资源、市场营销等职能部门具体负责本部门业务涉及的预算编制、执行、分析等工作,并配合预算管理委员会或财务部门做好企业总预算的综合平衡、协调、分析、控制与考核等工作。各部门主要负责人参与企业预算管理委员会的工作,并对本部门预算执行结果承担责任。

(5)企业所属基层单位是企业预算的基本单位,在企业财务部门的指导下,负责本单位现金流量、经营成果和各项成本费用预算的编制、控制、分析工作,接受企业的检查、考核。基层单位的主要负责人对本单位财务预算的执行结果承担责任。

三、全面预算控制的流程

全面预算控制的流程主要包括预算编制、预算执行和预算考核三个环节,在进行全面预算控制时,应当格外关注在不同的环节面临的主要风险。

（一）预算编制

1. 预算指标制定

企业应当建立和完善预算编制工作制度，明确编制依据、编制程序、编制方法等内容，确保预算编制依据合理、程序适当、方法科学，避免预算指标过高或过低。企业应当在预算年度开始前完成全面预算草案的编制工作。

2. 预算编制方法

企业应当根据发展战略和年度生产经营计划，综合考虑预算期内经济政策、市场环境等因素，按照上下结合、分级编制、逐级汇总的程序，编制年度全面预算。企业可以选择或综合运用固定预算、弹性预算、滚动预算等方法编制预算。

3. 预算草案制定

企业预算管理委员会应当对预算管理工作机构提交的预算方案进行研究论证，从企业发展全局的角度提出建议，形成全面预算草案，并提交董事会审核。

4. 预算下达

企业董事会审核全面预算草案，应当重点关注预算的科学性和可行性，确保全面预算与企业发展战略、年度生产经营计划相协调。企业全面预算应当按照相关法律法规及企业章程的规定审议批准。批准后以文件形式下达执行。

在全面预算编制阶段，需要关注的主要风险集中在两点：第一，不编制预算或预算不健全，可能导致企业经营缺乏约束或盲目经营；第二，预算目标不合理、编制不科学可能导致企业资源浪费或发展战略难以实现。可见，合理的预算编制是实现企业战略计划的首要条件。

（二）预算执行

1. 预算指标分解

企业应当加强对预算执行的管理，明确预算指标分解方式、预算执行审批权限和要求、预算执行情况报告等，落实预算执行责任制，确保预算的严格执行。

企业全面预算一经批准下达，各预算执行单位应当认真组织实施，将预算指标层层分解，从横向和纵向落实到各部门、各环节和各岗位，形成全方位的预算执行责任体系。企业应当以年度预算作为组织、协调各项生产经营活动的基本依据，将年度预算细分为季度、月度预算，通过实施分期预算控制，实现年度预算目标。

2. 审批与监控

企业应当根据全面预算管理要求，组织各项生产经营活动和投融资活动，严格预算执行和控制。企业应当加强资金收付业务的预算控制，及时组织资金收入，严格控制资金支付，调节资金收付平衡，防范支付风险。对于超预算或预算外的资金支付，应当实行严格的审批制度。企业办理采购与付款、销售与收款、成本费用、工程项目、对外投融资、研究与开发、信息系统、人力资源、安全环保、资产购置与维护等业务和事项，均应符合预算要求。涉及生产过程和成本费用的，还应执行相关计划、定额、定率标准。对于工程项目、对外投融资等重大预算项目，企业应当密切跟踪其实施进度和完成情况，实行严格监控。

3. 沟通与反馈

在进行预算控制时，企业预算管理工作机构应当加强与各预算执行单位的沟通，运用财务信息和其他相关资料监控预算执行情况,采用恰当的方式及时向决策机构和各预算执行单位报告、反馈预算执行进度、执行差异及其对预算目标的影响,促进企业全面预算目标的实现。因此,企业既要重视预算的编制,也要重视预算结果的反馈。

4. 分析与调整

企业预算管理工作机构和各预算执行单位应当建立预算执行情况分析制度,定期召开预算执行情况分析会议,通报预算执行情况,研究、解决预算执行中存在的问题,提出改进措施。企业分析预算执行情况,应当充分收集有关财务、业务、市场、技术、政策、法律等方面的信息资料,根据不同情况分别采用比率分析、比较分析、因素分析等方法,从定量与定性两个层面充分反映预算执行单位的现状、发展趋势及其存在的潜力。

当然,企业批准下达的预算应当保持稳定,不得随意调整。由于市场环境、国家政策或不可抗力等客观因素,导致预算执行发生重大差异确需调整的,应当履行严格的审批程序。

企业在预算执行中需要关注的主要风险在于预算缺乏刚性,执行不力,可能会导致预算管理流于形式。预算编制固然重要,因为它是实现企业战略目标的起点,但预算执行是全面预算的最核心环节,预算目标能否实现主要看预算执行的效果。

(三) 预算考核

企业应当建立严格的预算执行考核制度,对各预算执行单位和个人进行考核,切实做到有奖有惩,奖惩分明。

企业预算管理委员会应当定期组织预算执行情况考核,将各预算执行单位负责人签字上报的预算执行报告和已掌握的动态监控信息进行核对,确认各执行单位预算完成情况。必要时,实行预算执行情况内部审计制度。

企业预算执行情况考核工作,应当坚持公开、公平、公正的原则,考核过程及结果应有完整的记录。预算考核是对预算执行结果进行最终的评估,而评估结果与预算执行者的薪酬相联系。所以在预算考核过程中,应当关注的风险是预算考核不严格可能导致预算管理流于形式。

案例分析 4-5

锦江国际的预算改革

企业进行预算管理大多是从传统的 Excel 手工预算开始的。但随着企业规模的不断扩张,全面预算日益成为增强企业管控能力的重要工具,Excel 显然无法满足这一需求。2007年上海锦江国际(集团)开始启动全面预算管理系统建设。如今,全面预算管理系统的实施,在锦江国际中发挥了巨大的作用,支持了锦江国际的经济型酒店高速扩张中的资源配置,将集团管控方向聚焦在成本管控;实现了集团财务会计报告平台和责任会计报告平台的一体化应用;实现了预算管理与核算系统的自动化集成,及时跟踪分析预算执行情况;规范和固化了预算编制和分析的规则与流程,并兼容了责任主体在预算管理中的差异;实现了预算编制、滚动预测、调整和执行动态分析的整体应用;借助 IT 技术实现了可控的战略扩张,降低了战略执行过程中的风险。

第六节 运营分析控制

一、运营分析控制的定义

《企业内部控制基本规范》规定,运营分析控制要求企业建立运营情况分析制度,经理层应当综合运用生产、购销、投资、筹资、财务等方面的信息,通过因素分析、对比分析、趋势分析等方法,定期开展运营情况分析,发现存在的问题,及时查明原因并加以改进。

运营分析主要运用财务报表分析方法,通过横向分析、纵向分析的方法,发现不利的差异,并根据存在的差异,及时分析存在的问题以及产生的原因,采取积极的措施进行弥补与纠正,确保企业的经营活动一直都为战略目标的实现服务。

二、运营分析控制的流程

1. 收集数据

进行运营分析必定会用到数据,所以首先需要收集数据,在数据收集的过程中得保证数据的真实性和完整性。所以掌握数据的来源、获取方式、获取环境等信息就显得异常重要。除了需要广泛收集数据,还应对数据进行筛选,从源头保证数据的可靠性,对筛选后的数据加以分析可以在一定程度上保障后续分析是可信赖的。

2. 计算结果

根据运营分析的重点,首先需要确定分析指标,并对各指标加以计算。在分析不同的指标时,应当充分考虑财务指标以及非财务指标,应全面分析整个企业的经营情况。

3. 寻找差异

企业应当将上述计算结果与标准进行比较,寻找执行过程中存在的差异。选择对比的标准较多,企业应根据分析目的的不同进行选择。在标准选择上,可以选择与该企业的预算目标进行比较,分析当前执行情况与预算的偏离程度。也可以与同行业的平均水平进行横向比较,了解企业在行业中所处的位置。当然,也可以与企业的历史数据进行纵向比较。无论选择何种标准,目的都是确定企业在经营过程中出现的重大不利偏差。

4. 分析原因并提出建议

找出重大不利偏差后,更重要的是分析偏差产生的原因,原因主要分为外部原因与内部原因。外部原因大多是企业不可控的因素,是整个行业都会面临的情况,比如外部宏观环境、行业环境、市场环境以及政策变化等。内部原因主要体现在企业的日常经营活动中存在的经营效率问题以及投融资方面的财务效率问题,企业要纠正偏差,主要还是从内部管理方面入手。通过对偏差原因的分析,提出改进建议,以此提高企业的经营效率和财务效率,在经营过程中不偏离,确保企业发展战略的最终实现。

三、运营分析控制的方法

(一)比较分析法

比较分析法,是指对两个或两个以上的可比数据进行对比,找出企业财务状况、经营成果中的差异与问题。根据比较对象的不同,比较分析法分为趋势分析法、横向比较法和预算差异分析法。

趋势分析法中纵向比较法的比较对象是本企业的历史数据,如去年同期、前年同期的数据。横向比较法的比较对象是同类企业,如行业平均水平或竞争对手。预算差异分析法的比较对象是预算数据,通过与预算数据的比较可以知道企业在经营过程中与预期的偏离程度。财务分析中最常用的比较分析法是趋势分析法。

趋势分析法是通过对比两期或连续数期财务报告中的相同指标,确定其增减变动的方向、数额和幅度,来说明企业财务状况或经营成果变动趋势的一种方法。采用这种方法,可以分析引起变化的主要原因、变动的性质,并预测企业未来的发展趋势。

(二)比率分析法

比率分析法是通过计算各种比率指标,来确定财务活动变动程度的方法。比率指标的类型主要有构成比率、效率比率和相关比率三类。

1. 构成比率

构成比率又称结构比率,是某项指标的各组成部分数值占整体数值的百分比,反映部分与总体的关系。比如,企业资产中流动资产占的比重、存货以及固定资产所占的比重,以及企业负债中流动负债和长期负债占负债总额的百分比(负债构成比率)等,这些都属于常见的构成比率。通过构成比率可以考察总体中某个部分的构成和安排是否合理,以便协调各项财务活动。如负债中流动负债所占比重过高,那么企业短期偿债压力可能较大,企业就应当及时调整。

2. 效率比率

效率比率反映的是某项财务活动中投入与产出的关系。利用效率比率指标可以考察经营成果,评价经济效益。比如,将利润项目与营业成本、资本成本项目加以对比,可以计算出成本利润率等指标,从不同角度观察企业的盈利能力。

3. 相关比率

比率分析法中最常见的是相关比率法。相关比率是以某个项目和与其有关但又不同的项目加以对比得到的比率,反映的是企业经济活动之间的相互关系,通过相关比率的指标分析,能够考察企业相互关联的业务是否可以合理保障企业经营活动的顺利进行。相关比率法适用的情况比较多,例如衡量企业偿债能力、盈利能力、营运能力和发展能力的比率,这些都是利用相关比率的体现。

以偿债能力为例,企业偿债能力分为短期偿债能力和长期偿债能力,其中短期偿债能力可以利用流动比率、速动比率和现金比率等指标进行衡量。流动比率是流动资产与流动负债之比,但不能直接与国际标准进行对比,应当结合所处行业的特点,分析该企业的短期偿债能力。

速动比率是速动资产与流动负债进行对比,也不能直接与国际标准进行比较就得出短期偿债能力强弱的结论,需要和同行业平均水平或者同行业其他企业等进行比较。企业长期偿债能力的衡量,主要分析资产负债率、产权比率、权益乘数等反映长期偿债能力的指标。

(三)因素分析法

因素分析法是依据分析指标与其影响因素的关系,从数量上确定各因素对分析指标的影响方向和影响程度的一种方法。通过因素分析法,可以更好地确定在企业的相关活动中,具体的因素对分析指标的影响程度。因素分析法具体有两种:连环替代法和差额分析法。

1. 连环替代法

连环替代法是将分析指标分解为各个可以计量的因素,并根据各个因素之间的依存关系,顺次用各个因素的比较值(通常为实际值)替代基准值(通常为标准值或计划值),据此测定各因素对分析指标的影响的一种方法。连环替代法尤其需要关注替代的顺序,从而正确地计算不同因素带来的影响。

2. 差额分析法

差额分析法是连环替代法的一种简化形式,是利用各个因素的比较值与基准值之间的差额来计算各因素对分析指标的影响的一种方法。两种方法没有实质的区别。

在运用因素分析法的时候,需要注意两点。第一,因素分析法的关键在于对经济指标的因素进行分解,能构成经济指标的因素必须是客观上存在因果关系的,否则就失去了实际价值。第二,因素分析法的顺序替代需要遵循连贯性。因素分析法在计算每个因素变动给分析指标带来的影响时,都是在前一次计算的基础上进行的。

(四)综合绩效分析法

综合绩效分析法的意义在于能够全面准确地评价企业的财务状况和经营成果,单独的指标好坏并不能说明整个企业经营效率的高低。企业综合绩效分析法比较常见的主要有杜邦分析法、沃尔评分法和经济增加值法。杜邦分析法与比率分析法中的诸多比率有着密切的关系,该分析法重点反映的是企业盈利能力及权益乘数对净资产收益率的影响,以及各指标间的相互作用和影响。沃尔评分法是将若干个财务比率,用线性关系结合起来,以此来评价企业的信用水平。经济增加值法是从股东角度去评价企业经营者有效使用资本和为企业创造价值的业绩评价指标,能够更真实地反映企业的经营业绩,体现最终经营目标的绩效评价方法。所以选择综合绩效分析法,可以从整体上反映和把握企业生产经营活动的财务状况和经营成果,以及发展目标的实现情况。

案例分析4—6

紫鑫药业惊天骗局

2010年,吉林紫鑫药业股份有限公司(简称紫鑫药业)因涉足人参业务创造了惊人的业绩。2010年实现营业收入6.4亿元,同比增长151%;实现净利润1.73亿元,同比增长184%。2011年上半年,紫鑫药业"再接再厉",实现营业收入3.7亿元、净利润1.11亿元,分别同比增长26%和325%。与业绩相呼应的是其股价一路飞升。从2010年下半年开始,紫鑫药业的股价一路上涨,上演了一轮波澜壮阔的"大牛"行情。其间,公司成功高价增发,再融资10亿元。据紫鑫药业2010年年报,公司营业收入前五名客户分别为四川平大生物制品有限责任公司、亳州千草药业饮品厂、吉林正德药业有限公司、通化立发人参贸易有限公司、通化文博人参贸易有限公司。这五家公司合计为紫鑫药业带来2.3亿元收入,占当年营业收入的36%。而对比2009年年报,紫鑫药业前五名客户累计采购金额不足2700万元,占当年营业收入的10%。

2011年,创下"神话"业绩的紫鑫药业被质疑伪造上下游客户,虚构人参相关交易,前五大营业客户均是"影子公司",最终被证监会立案稽查,紫鑫药业造假问题被发现。

第七节 绩效考评控制

一、绩效考评控制的定义

绩效考评控制是指企业通过考核评价的形式规范企业各级管理者及员工的经济目标和经济行为。它强调的是控制目标而不是控制过程,只要各级管理目标实现,企业战略目标就得以实现。绩效考评系统主要包括考评指标和考评程序的制定、考评方法的选择、考评结果的分析和纠正偏差与奖励等关键环节。

我国《企业内部控制基本规范》对绩效考评控制提出了具体要求,要求企业建立和实施绩效考评制度,科学设置考核指标体系,对企业内部各责任单位和全体员工的业绩进行定期考核与客观评价,将考评结果作为确定员工薪酬以及职务晋升、评优、降级、调岗、辞退等的依据。所以绩效考评就是"业绩评价与考核"。

考评结果关系着每一位员工,良好、健全的绩效考评机制,能够更好地激励与约束员工,在企业内部控制中发挥应有的作用,提升控制活动的效率和效果。

二、绩效考评控制的流程

1. 设定计划

绩效管理的起点是制订相应的计划。企业战略目标要实现,需要先将目标分解为具体的任务,落实到各个岗位。为了反映任务的完成和目标的实现情况,必须选择恰当的绩效评价指标。这需要从评价的可操作性进行考虑,还应该考虑取得评价所需信息的便利程度。在绩效计划中,通常还需制定科学的绩效评价标准,只有将评价指标与评价标准相结合,才能正确地评价绩效。绩效评价标准既是绩效评价阶段衡量绩效完成情况的标杆,也是绩效实施阶段控制绩效偏差的工具。

2. 控制过程

设定了绩效计划之后,下一步就是实施计划以及对计划实施的控制。有效地实施绩效控制,加强对过程的管理,对可能导致绩效不利结果的因素进行控制,防止和纠正偏差。同时加强沟通,控制整个绩效实施的环节,通过沟通及时了解实施进展,找到并纠正影响目标实现的障碍。

3. 结果评价

为了了解绩效实施的结果,必须对结果进行评价。根据事先确定的工作目标及其衡量标准,对绩效结果进行考察和评价。绩效评价可以根据具体情况和实际需要进行月度、季度、半年度和年度考核评价。在绩效实施过程中收集到的能够说明绩效表现的数据和事实,可以作为判断是否达到绩效指标要求的证据。将这些数据和事实通过一定的方法量化为相关的绩效评价指标,并与预先制定的绩效评价标准相对照,得出评价结论,并将绩效考核的结果进行合理运用,分析差距,并通过有针对性的方式缩小差距。

4. 反馈与改进

绩效考评控制是一个循环的过程,不断地发现问题、解决问题、反馈问题,从而提高整体的绩效。绩效考评控制的结果应当进行反馈,否则难以和激励机制相挂钩,难以发挥有效奖惩的作用。绩效考评控制的目的不仅仅是对已经做了的工作进行评估,如何提高绩效才是关键。

三、绩效考评控制的方法

1. 360 度反馈法

360 度反馈法,也称为多源反馈评价。传统的绩效评价主要由被评价者的上级对其进行评价;而 360 度反馈法则由与被评价者有密切关系的人,包括被评价者的上级、同事、下属和客户等,分别匿名对被评价者进行评价。同时被评价者自己也对自己进行评价,主要目的是比较自我认知与他人认知的偏差。专业人员根据有关人员对被评价者的评价,对比被评价者的自我评价向被评价者提供反馈,以帮助被评价者提高其能力水平和业绩。360 度反馈法的影响力越来越大,使用该方法要求企业管理水平较高,所以该方法较为广泛地运用在很多人员素质较高、信息化程度较高的企业中。

但是,有一些国内的公司斥巨资进行 360 度反馈评价,却收效甚微,甚至适得其反,使得评价者和被评价者关系紧张,给公司带来了不利的后果。究其原因,首先应当明确 360 度反馈评价的主要目的应该是服务于员工的发展,而不是单纯地对员工进行行政管理。当用于不同的目的时,同一评价者对同一被评价者的评价会不一样,同样的被评价者对于同样的评价结果也会有不同的反应。当 360 度反馈评价的主要目的是服务于员工的发展时,评价者做出的评价会更客观和公正,被评价者也更愿意接受评价的结果。当 360 度反馈评价的主要目的是进行行政管理,服务于员工的晋升、工资确定等时,评价者就会考虑到个人利益得失,所做的评价相对来说难以客观公正,而被评价者也会怀疑评价的准确性和公正性。因此,当公司把 360 度反馈评价用于对员工的行政管理时,一方面可能会使得评价结果不可靠,甚至不如仅仅由被评价者的上级进行评价;另一方面,被评价者很有可能会质疑评价结果,造成公司人际关系的紧张。

2. 关键绩效指标考核法

关键绩效指标(KPI)考核法,是当前企业中应用非常广泛的绩效评价方法。它突出了在实现企业战略目标过程中的关键性的岗位职责、因素、方法等的考核,需要提炼出最能代表绩效的若干关键指标,并以此为基础进行绩效考核。KPI 必须是衡量企业战略实施效果的关键指标。在实践运用中,KPI 的确定是一大难点,需要找出那些能有效量化的指标,指标如果难以量化,则无法有效地运用 KPI 进行衡量。

KPI 的确定并非一成不变,伴随着经济的发展、外部环境的变化以及企业自身战略目标的改变,指标也相应地会发生改变,所以应抓住那些亟须改进的指标,提高绩效考核的灵活性。KPI 突出的是"关键",意味着指标的数量不是越多越好,也不是越细越好,指标过于详细,实施起来有较大的难度。当然,KPI 并不是越少越好,而是应抓住绩效特征的根本,找到影响目标实现的根本因素加以考核。

3. 基于优势分析的绩效评价体系

基于优势分析的绩效评价体系涵盖了积极心理学研究的最新成果,如前馈式面谈、展示最佳自我、发掘已有优势、双赢模式。传统绩效评价方法虽然也希望通过提高员工绩效的方式提高组织绩效,但其评价方式容易引起员工之间的恶意竞争,反而不利于组织绩效目标的实现。而基于优势分析的绩效评价体系注重聚合,并分享员工的成功经验,有利于增强员工的工作积极性和组织凝聚力,从而有利于提高组织绩效。

基于优势分析的绩效评价体系不仅关心员工现有的优势,还积极开发员工的潜能。评价者帮助员工找出取得成功的原因,发现其自身优势,有利于提高员工的自尊和快乐感,而快乐的员工创造力更强,且积极的情绪会促进成功。评价者在倾听员工的讲述时要注意挖掘员工的潜在优势,鼓励员工在以后的工作中刻意地去发挥潜能,取得更好的成绩。

该评价体系在实施过程中,首先需要与人力资源管理部门,尤其是与高层领导者建立良好的合作关系。基于优势分析的绩效评价体系对企业原有的评价体系、评价方案进行全面变革,获得高层领导者的许可与支持才能保障变革的顺利实施。此外,高层领导者对公司组织架构、现存问题认识深刻,有助于对基于优势分析的绩效评价体系进行必要的调整,使其适应组织的要求。与高层领导者沟通后,应先对员工进行前馈式面谈的培训,使员工能够掌握访谈以及积极聆听的技巧。

4. 平衡计分卡绩效评价法

平衡计分卡(简称 BSC),就是根据企业组织的战略要求而精心设计的指标体系。按照卡普兰和诺顿的观点:"平衡计分卡是一种绩效管理的工具。它将企业战略目标逐层分解转化为各种具体的相互平衡的绩效考核指标,并对这些指标的实现状况进行不同时段的考核,从而为企业战略目标的完成建立起可靠的执行基础。"

平衡计分卡表明了企业员工需要什么样的知识技能和系统。平衡计分卡的平衡体现在,平衡了短期与长期业绩、外部与内部业绩、财务与非财务业绩、定量与定性业绩以及不同利益相关者的利益。

平衡计分卡的内容主要分为四个角度:财务角度、客户角度、内部流程角度、创新与学习角度。不同的角度都有特定的指标进行相应的衡量。

(1)财务角度中包含了股东的价值。财务角度主要关注股东对企业的看法以及企业的财务目标。常用的财务业绩指标主要有利润、销售增长率、投资回报率、现金流量和经济增加值等。

(2)最典型的客户角度通常包括定义目标市场和扩大关键细分市场的市场份额。客户角度的指标可分为滞后指标和领先指标:

①滞后指标:目标市场的销售额(或市场份额)以及客户保留率、新客户开发率、客户满意度和盈利率。

②领先指标:时间、质量、价格、可选性、客户关系和企业形象。领先指标的设定取决于企业的战略和对目标市场的价值定位。

(3)内部流程角度包括一些驱动目标,它们能够使企业更加专注于客户的满意度,并通过开发新产品和改善客户服务来提高生产力、效率、产品周期与创新能力。常用的内部流程指标主要有处理过程中的缺陷率、投入产出比率、安排产品批量、原材料整理时间或批量生产准备时间、订单发送准确率、售后保证、保修和退还、账款回收管理。

(4)平衡计分卡最大的优点就是它能够把创新与学习列为四个角度之一。创新与学习角度对任何企业能否成功执行战略都起到举足轻重的作用。常用的创新与学习指标主要有职工的满意程度、职工的稳定性、职工的培训和技能、职工的创新性和信息系统的开发能力。

平衡计分卡的主要特点在于,它为企业战略管理提供了强有力的支持,可以提高企业整体的管理效率;注重团队合作,防止企业管理机能失调;发挥激励作用,增强员工的参与意识。

传统的业绩评价体系强调管理者希望(或要求)下属采取什么行动,然后通过评价来证实下属是否采取了行动以及行动的结果如何,整个评价系统强调的是对行为结果的控制与考核。而平衡计分卡则强调目标管理,鼓励下属创造性地(而非被动)完成目标,强调的是激励。因为在具体的管理问题上,企业高层管理人员并不一定比中下层管理人员更了解情况,所做出的决策也不一定比下属更明智。所以,由企业高层管理人员规定下属的行为方式是不恰当的。另外,目前企业绩效评价体系大多是由财务专业人士设计并监督实施的,但是,由于专业领域的差别,财务专业人士并不清楚企业经营管理、技术创新等方面的关键性问题,因而无法对企业整体经营的业绩进行科学合理的计量与评价。

案例分析4—7

一家寿司店的平衡计分卡

KL寿司店是一家处于成长期的公司,主要通过电话或网络订购的方式销售日本生鱼片和寿司。该公司决定采用平衡计分卡来评价下一年的绩效。其平衡计分卡共包括4个方面,每个方面又包括两个首要的计量指标:

(1)财务角度:收入的增长、顾客订单的增加。

(2)客户角度:下订单到交货所需的时间、产品新鲜度(按照食品包装处理的天数计量)。

(3)内部流程角度:处理单个订单的时间、产品可得性信息更新到网站上的速度。

(4)创新与学习角度:所提供产品的数量、送货区域。

本章小结

企业应当根据内部控制目标,结合风险应对策略,综合运用控制措施,对各种业务和事项实施有效控制。同时,企业应当建立重大风险预警机制和突发事件应急处理机制,明确风险预警标准,对可能发生的重大风险或突发事件,制定应急预案,明确责任人员,规范处置程序,确保突发事件得到及时妥善的处理。

不相容职务分离控制要求企业全面系统地分析、梳理业务流程中所涉及的不相容职务,实施相应的分离措施,形成各司其职、各负其责、相互制约的工作机制。

授权审批控制要求企业根据常规授权和特别授权的规定,明确各岗位办理业务和事项的权限范围、审批程序和相应责任。企业应当编制常规授权的权限指引,规范特别授权的范围、权限、程序和责任,严格控制特别授权。企业各级管理人员应当在授权范围内行使职权和承担责任。企业对于重大的业务和事项,应当实行集体决策、审批或者联签制度,任何个人不得单独进行决策或者擅自改变集体决策。

会计系统控制要求企业严格执行国家统一的会计准则制度,加强会计基础工作,明确会计凭证、会计账簿和财务会计报告的处理程序,保证财务资料真实完整。企业应当依法设置会计机构,配备相应的会计人员。

财产保护控制要求企业建立财产日常管理制度和定期清查制度,采取财产记录、实物保管、定期盘点、账实核对等措施,确保财产安全。企业应当严格限制未经授权的人员接触和处置财产。

全面预算控制要求企业实施全面预算管理制度,明确各责任单位在预算管理中的职责权限,规范预算的编制、审定、下达和执行程序,强化预算考核。

运营分析控制要求企业建立运营情况分析制度,经理层应当综合运用生产、购销、投资、筹资、财务等方面的信息,通过因素分析、对比分析、趋势分析等方法,定期开展运营情况分析,发现存在的问题,及时查明原因并加以改进。

绩效考评控制要求企业建立和实施绩效考评制度,科学设置考核指标体系,对企业内部各责任单位和全体员工的业绩进行定期考核和客观评价,将考评结果作为确定员工薪酬以及职务晋升、评优、降级、调岗、辞退等的依据。

思考题:
(1)不相容职务分离控制制度的制定原则有哪些?
(2)什么是绩效考评控制?实践中存在哪几种绩效考评模式?各有什么特点?
(3)全面预算控制的流程包括哪几个阶段?各阶段应注意的风险有哪些?
(4)什么是财产保护控制?它的具体控制措施有哪些?
(5)绩效考评体系包括哪些基本要素?各要素之间有什么关系?

案例思考

中国农业银行北京分行挪用票据资金案件

2016年1月22日,中国农业银行晚间发布公告称,中国农业银行北京分行票据买入返售业务发生重大风险事件,涉及风险金额为39.15亿元。

公告称,目前公安机关已立案侦查。中国农业银行正积极配合侦办工作,加强与相关机构的沟通协调,最大限度地保证资金安全。1月22日早间,财新网曾报道称,农行北京分行两名员工已被立案调查,原因是涉嫌非法套取38亿元票据,同时利用非法套取的票据回购资金,且未建立台账,其中回购款的一部分资金违规流入股市,由于股价下跌,出现巨额资金缺口无法兑付。由于涉及金额巨大,公安部和银保监会已将该案件上报国务院。财新网报道称,该分行保险柜里除了虚假贸易背景的假票,更有相当部分票据是报纸,而且未建立台账。

所谓票据业务,目前使用较多的是银行承兑汇票,实质是一种贷款业务。如A企业需要购买B企业的货物,但资金不够,就可通过到银行存保证金的方式,要求银行开具承兑汇票付款给B企业。承兑汇票最长期限为6个月。其间,B企业可能不希望6个月后才拿到钱,就可到银行或者第三方机构贴现,提前拿到钱。由此衍生的票据可能多次转手,变成一种融资工具。

而票据买入返售实质是银行同业间的资金拆借业务。当 A 银行手里有很多已贴现但未到期的承兑汇票,又需要资金时,就可到 B 银行开展买入返售业务,先用这些票据质押从 B 银行拆借资金,并约定 A 银行会以一定价格回购。在具体操作中,银行间往往会出现票据中介。这些质押票据可能又从 B 银行流出,中介持有这些票据重新到别的银行去贴现套取资金。

按照财新网的报道,农行此次出现风险就是内外勾结,员工直接从银行偷出票据去贴现套取资金。在该风险事件爆发后,农行暂停票据买入返售业务。此外,农行北京分行已经进行全面排查,北京分行的各个部门已经全部出动去北京分行下属的 23 家支行 300 多个网点检查,检查的内容是商业汇票和银行承兑汇票的真假情况,金额大的还要去验真伪。农行北京分行还要求所有员工上交护照和港澳通行证等证件,要求员工上交出入境证件的政策在国有银行中本来就存在,但据农行北京分行员工反映,此前一直未能严格执行,发生此事后,才要求整个北京分行所有员工上交出入境证件。

思考:(1)控制活动的关键环节有哪些?

(2)从控制活动角度分析如何做好银行的内部控制?

本章练习题

第五章 信息与沟通

案例导入

H公司曾是知名企业集团,在总结其破产原因的过程中发现,在公司快速发展的过程中,被鲜花和掌声陶醉的公司管理层听不进任何不同意见。一位资深高层曾委婉地对时任董事长身边人员的某些做法提出批评,但被该董事长当场驳回。此后,员工不敢也不愿向上层提意见,信息沟通系统几乎不存在。会计信息系统由管理层随意控制,高层管理者把"公司的钱揣入自己的腰包",信息系统已经不再是一个管理和控制的工具,而是高层管理者的话筒,信息随其意愿而变。

上述资料表明H公司的信息与沟通出现了问题。企业风险管理构成要素之一信息与沟通,要求公司建立公开的沟通渠道,上级人员应乐于倾听。一个员工惧怕因上报相关信息而遭到报复的环境,将与企业目标相背离。H公司"管理层听不进任何不同意见","员工不敢也不愿向上层提意见,信息沟通系统几乎不存在",说明H公司的沟通渠道受堵,信息不能有效地上传下达,信息传递严重不畅。

《企业内部控制基本规范》要求,企业应当利用信息技术促进信息的集成与共享,充分发挥信息技术在信息与沟通中的作用,并加强对信息系统开发与维护、访问与变更、数据输入与输出、文件储存与保管、网络安全等方面的控制,保证信息系统安全稳定运行。但H公司"会计信息系统由管理层随意控制,高层管理者把'公司的钱揣入自己的腰包',信息系统已经不再是一个管理和控制的工具"。

在合理的信息与沟通系统中,有关员工应当遵循的政策及程序的信息,应在公司内从上至下得以传达。关于日常活动的信息,应从公司内准备这些信息的员工流向需要这些信息的员工。在日常活动中发现问题的信息,需要向公司上层流动,直至流动到能够采取纠正措施的人员。

思考: 什么是信息与沟通?信息与沟通包括哪些具体内容?企业应关注哪些信息类型与来源?如何有效收集与传递信息?信息技术在内部控制中起到什么作用?信息与沟通的关键风险点是什么?沟通有哪些方式?如何进行有效沟通?

企业的正常经营运转离不开信息与沟通,各个层次、每个员工都需要运用信息来确认、评估和应对风险,以便更好地履行职责并实现公司目标。信息与沟通贯穿于企业的整个风险管理过程,如果信息沟通不畅,可能会导致企业盲目判断,深陷风险中。信息与沟通是及时、准确、完整地采集与企业经营管理密切相关的各种信息,并使这些信息以适当的方式在企业各层级之间、企业与外部之间及时传递、有效沟通和正确使用的过程,有效的信息与沟通是内部控制目标实现的重要保证。《企业内部控制基本规范》第三十八条指出,企业应当建立信息与沟通制度,明确内部控制相关信息的收集、处理和传递程序,确保信息及时沟通,促进内部控制有效运行。

第一节 信 息

一、信息的内涵

(一)信息的含义

信息是对人们有用的、能够影响人们行为的数据。信息是人们对数据的理解,是数据加工后的结果。数据是信息的载体,没有数据便没有信息,因此信息不能单独存在。要想获得信息就要先获得荷载信息的数据,再对其进行加工。企业的信息来源于企业内外部,包括外部的行业、经济、监控等方面的信息,以及内部生产经营管理、财务等方面的信息。企业应准确识别、收集信息,不断完善获取信息的机制,随时掌握市场、行业和竞争对手的动态,并及时、有效地传达给相关负责人,以便他们有足够的信息处理经营业务。

(二)信息的分类

1. 根据信息的正式程度可以分为正式信息和非正式信息

正式信息是指在组织中通过官方的、公开的沟通方式来传递的信息,包括内部信息与外部信息。非正式信息是指在组织中通过非官方的、私下的沟通方式来传递的信息,一般具有传播速度快、效率高、能满足员工的情感需要等特点。

2. 根据信息的来源可以分为内部信息和外部信息

内部信息来自组织中特定业务的内容,包括生产、销售、研发、人力资源、经营管理等方面的信息。外部信息来自组织的周围环境,包括宏观经济形式、行业信息、法律监管、科技文化等方面的信息。

3. 根据信息的主客观因素可以分为客观信息和主观信息

客观信息包括观察对象的初始信息、经观察者干预之后的效果信息、环境信息等,而不包含分析等信息处理活动。主观信息则是对事务进行了加工处理,加入了人的主观判断和预测,在企业中主要表现为决策信息、指令信息、控制信息等。

按照《企业内部控制基本规范》中的规定,内部控制活动所需要的信息包括来自企业内部和外部的与企业经营管理相关的财务及非财务信息,即内部控制中信息收集的内容包含了企业的内外部信息、主客观信息、正式与非正式信息,以及影响企业内部环境、风险评估、控制活动及内部监督的信息。因此,企业在确定信息收集的内容时,应在内部控制覆盖的信息范围内,根据不同的信息需求收集不同的信息,即确认有效信息。

(三)企业各层级对信息的需求

企业各层级对信息的需求是不同的,企业层级一般可以分为决策层、管理层和执行层。决策层是企业的实权机关,一般由董事长、总经理等组成,它负责确定企业发展目标和战略部署,进行宏观控制。管理层是决策层的下属机构,包括各职能管理部门,其职责是把决策层制定的战略、方针、政策贯彻落实到各职能部门中,对日常工作进行组织、管理和协调。执行层在管理层的领导和管理下,通过各种执行和运作,把目标转化为具体行动。

企业不同层级所需要的主要信息类型是不同的(见图5-1),执行层的信息需求以客观业务信息为主,决策层的信息需求则以主观指标信息为主。一般来说,所处的层级越高,其所需要的信息越需要加工和处理。执行层从基层业务挖掘客观业务信息,海量的业务信息经过筛选成为管理信息,管理层通过对管理信息的加工处理产生决策层所需要的指标信息,这时候的指标信息就是加工处理后的主观信息。当然,信息也会反向传递,成为各层级所需要的有效信息。

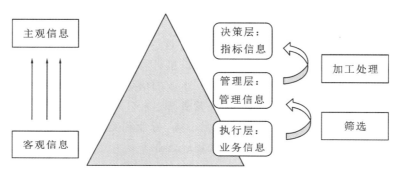

图5-1 企业各层级的信息需求

二、信息的收集

明确了企业各层级的不同信息需求后,就需要关注如何获取相关信息,即进行信息的收集。以下按信息来源的不同,分别介绍企业内外部信息的收集。

(一)内部信息的收集

《企业内部控制基本规范》第三十九条指出,企业可以通过财务会计资料、经营管理资料、调研报告、专项信息、内部刊物、办公网络等渠道,获取内部信息。除此之外,还可以通过规章制度信息、综合信息、员工提供的信息、信息系统产生的信息等获取内部信息。

1. 财务会计资料

财务会计资料是指通过对企业已经完成的资金运动全面系统的核算与监督,为外部与企业有经济利害关系的投资人、债权人和政府有关部门提供的反映企业财务状况与经营成果等经济信息的书面资料,一般主要指财务报告。根据《企业内部控制应用指引第14号——财务报告》第二条,财务报告是指反映企业某一特定日期状况和某一会计期间经营成果、现金流量的文件。根据相关规定,财务报告具体包括资产负债表、利润表、所有者权益变动表、附表及会计报表附注和财务情况说明书。根据《企业内部控制应用指引第14号——财务报告》第十二条,企业编制财务报告时应当充分利用信息技术,提高工作效率和工作质量,减少或避免编制差错和人为调整因素。

2. 经营管理资料

下级单位及部门按照统计报表的要求,每月或每周通过公司信息系统自下而上地报送统计资料,公司规划部门对主要生产经营指标进行对比分析,形成月度、季度、年度生产经营运行监测报告,上报公司管理层审核。

3. 规章制度信息

制定企业规章制度时需要对下列信息进行全面论证:制度制定的依据和规范的对象;制度解决的主要问题;该制度的安排与其他相关制度的衔接;制度实施的条件与时机;制度执行中需要注意的问题。

在形成制度文件之前,相关部门必须通过公司内部网络或邮件征求职能部门和下属单位的意见,在广泛吸收意见的基础上对规章制度进行完善,最后由管理层签发执行。

4. 综合信息

审计部门或内部控制部门负责收集内部审计方面的相关信息与违规、舞弊的信息,对于重大、紧急情况的信息,应及时报送公司管理层。总裁办公室负责公司重要综合信息的收集、编发,开展专题调研,及时掌握公司各部门的工作动态,为管理层决策提供信息参考。下属单位负责职权范围内管理信息的收集、编发和制度制定,开展专题调研,及时掌握所属范围内的工作动态,按照公司的信息需求及时向各层级提供所需信息。

5. 员工提供的信息

企业可以设立举报电话、电子举报信箱或其他途径并对外公布,给员工提供信息举报、不服处分或申诉的渠道,并明确承诺报告潜在违规信息或其他事件的员工不会受到任何报复和骚扰。此外,可以根据实际情况对员工的举报进行保护和奖励;还可以召开员工座谈会,听取员工的合理化建议和意见,对被采纳的建议实行奖励。

6. 信息系统产生的信息

公司信息系统提供了相关信息,公司职能部门和下属单位可以根据各自的权限共享这些信息,充分利用信息技术提高工作效率和工作质量,减少或避免编制差错和人为调整因素。

除了上述这些信息收集方式外,现代企业中必然存在其他可以选择的内部信息收集方式,企业应当结合自身特点充分利用各种渠道和方式收集有价值的内部信息。

(二)外部信息的收集

《企业内部控制基本规范》第三十九条指出,企业可以通过行业协会组织、社会中介机构、业务往来单位、市场调查、来信来访、网络媒体以及有关监管部门等渠道获取外部信息,具体可以归纳为调查、网络搜索、咨询、采访四种方式。

1. 调查

通过调查可以获取潜在信息资源和关于现实资源的各种信息,最常见的有问卷调查法和访问调查法。当企业需要了解客户需求、客户满意度、产品评价等信息时,可以采用调查的方式来收集信息。

2. 网络搜索

企业可以通过互联网获取相当多的外部公开信息,包括经济形势、产业政策、资源供给等经济信息；法律法规、监管要求等法律信息；传统文化、教育水平等文化信息；科技发展、技术进步等科技信息，但要注意信息的筛选。同时，还可以通过专业的数据库获取有深度、高质量的信息。

3. 咨询

企业还可以从社会中介机构、行业协会组织、专家等相关单位和个人那里获取信息。通常，这些机构或专家在相关领域都有专长，能为企业提供相关领域内较为权威和全面的信息，可以满足企业经营管理的需要，但企业需要付较高的成本。

4. 采访

企业可以通过个别访问、座谈采访、现场观察、参加会议等多种方式，获取潜在的信息资源。采用这种信息收集方式时，可以进行深入的探讨，通常可以获取较高质量的信息。因此，采访适用于重要客户反馈信息、新兴市场需求信息的收集，但需要考虑采访对象的代表性和个人主观偏见的问题。

三、信息的处理与传递

（一）信息的处理

企业通过各种信息获取方式收集到有效信息后，需要对信息进行进一步的加工处理，从而提高信息的有用性。《企业内部控制基本规范》第三十九条指出，企业应当对收集的各种内部信息和外部信息进行合理筛选、核对、整理，提高信息的有用性。信息的处理可以参照《企业内部控制应用指引第 14 号——财务报告》第四章"报告的分析利用"，以财务报告的分析利用为例理解信息的处理过程。

企业应当重视财务报告分析工作，定期召开财务分析会议，充分利用财务报告反映的综合信息，全面分析企业的经营管理状况和存在的问题，不断提高经营管理水平。企业财务分析会议应吸收有关部门负责人参加，总会计师或分管会计工作的负责人应当在财务分析和利用工作中发挥主导作用。

（二）内部信息传递的基本流程

企业的内部控制活动离不开信息的沟通与传递，企业在生产、经营和管理过程中需要不断地、反复地识别、采集、存储、加工和传递各种信息，以使企业各个层级和各个岗位的人员能够履行各自担负的职责。由于外部信息来源的复杂性和多样性，本部分仅介绍企业内部信息传递的基本流程。

企业内部信息传递是在执行层、管理层和决策层三个层级之间开展的，可以自上而下传递，可以自下而上传递，也可以平行传递。传递的信息以不同的形式或载体呈现，其中对企业最为重要的、最普遍的信息传递形式就是内部报告，也可以称为内部管理报告。内部报告是以定期或不定期的形式记录和反映企业内部管理信息的各种图表和文字资料的总称。内部报告在企业内部控制中发挥着以下两个作用：

（1）内部报告可以为管理层提供更多的企业生产、经营和管理信息，为管理层合理有效地制定各种决策提供支持和服务。

（2）内部报告可以检查和反馈决策层决策的执行情况，帮助管理层监控和纠正决策执行中出现的错误和偏差。

所以,企业需要加强包括内部报告在内的企业内部信息的传递,全面评估内部信息传递过程中的风险,建立科学的内部信息传递机制,确保信息的相关性和可靠性,提高内部报告的质量,安全、及时、准确地传递信息,充分、高效地利用内部报告。

内部信息传递流程是根据企业生产经营管理的特点来确定的,一般来说内部信息传递至少包括三个阶段:一是信息形成阶段,二是信息使用阶段,三是信息评价阶段。如图 5-2 所示,以内部报告为例,内部报告形成阶段的起点是报告中指标体系的建立;根据报告指标体系,确定所要收集和存储的相关信息;对收集的信息进行加工,以一种可接受和理解的表现形式组织这些信息,形成内部报告;审核形成的内部报告,如果不符合决策要求,就要重新修订或补充有关信息,直至达到标准为止。

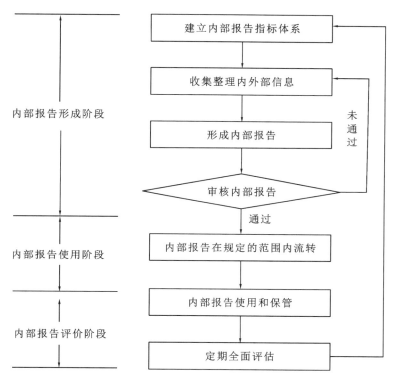

图 5-2　内部信息传递的基本流程

内部报告使用阶段的起点是内部报告向使用者的传递。使用者获得内部报告后,要充分理解和有效利用其中的信息,以评价业务活动和制定相关决策。与此同时,要定期对企业内部报告的全面性、真实性、及时性、安全性等进行评估,一旦发现不妥之处,要及时调整。

案例分析5—1

公司内部信息对外报送和使用管理制度

唐山冀东水泥股份有限公司制定了公司内部信息对外报送和使用管理制度,对企业内部信息披露、信息保密以及违反保密规定的处罚措施等做了规定。

一、企业内部信息披露的主体

公司的董事、监事和高级管理人员应当遵守信息披露内控制度的要求,对公司定期报告及重大事项履行必要的传递、审核和披露流程。

二、企业内部信息保密规定

公司的董事、监事和高级管理人员及其他相关涉密人员在定期报告编制、公司重大事项筹划期间,负有保密义务。定期报告、临时报告公布前,不得以任何形式、任何途径向外界或其他人员泄露定期报告、临时报告的内容,包括但不限于业绩座谈会、分析师会议、投资者调研座谈等方式。无法律法规依据的外部单位对年度统计报表等有报送要求时,公司应拒绝报送。

公司依据法律法规的要求应当报送的,需要将报送的外部单位相关人员作为内幕知情人登记在案备查。公司应将报送的相关信息作为内幕信息,并书面提醒报送的外部单位相关人员履行保密义务。公司依据法律法规向特定外部信息使用人报送年报相关信息的,提供时间不得早于公司业绩快报的披露时间,业绩快报的披露内容不得少于向外部信息使用人提供的信息内容。

外部单位或个人不得泄露依据法律法规报送的本公司未公开重大信息,不得利用所获取的未公开重大信息买卖本公司证券或建议他人买卖本公司证券。外部单位或个人因保密不当致使前述重大信息被泄露的,应立即通知本公司,本公司应在第一时间向证券交易所报告并公告。

三、违反内部信息披露、保密规定的相关处理

外部单位或个人应该严守上述条款,违反相关规定使用公司报送的信息,致使公司遭受经济损失的,公司将依法要求其承担赔偿责任。

利用所获取的未公开重大信息买卖公司证券或建议他人买卖公司证券的,公司将依法收回其所得的收益;涉嫌犯罪的,应当将案件移送司法机关处理。

报告期内若公司存在对外报送信息、内幕信息知情人违法违规买卖公司股票或非经营性资金占用的情况,应在公司披露年报后10个工作日内向证券交易所和上市公司所在地证监局进行备案。

公司报告期内存在对外报送信息的,应将报送依据、报送对象、报送信息的类别、报送时间、业绩快报披露情况、对外部信息使用人保密义务的书面提醒情况、登记备案情况等进行报备。

公司报告期内存在内幕信息知情人违规买卖公司股票行为的,应将具体情况、对相关人员采取的问责措施、违规收益追缴情况、董事会秘书督导责任的履行情况以及公司采取的防范措施等进行报备。

公司报告期内发生非经营性资金占用的,应将公司对相关责任人的处罚问责措施和结果进行报备。

(三)内部信息传递的主要风险及控制措施

1. 规范内部信息传递的行为主体及其责任

在内部信息传递行为主体及责任规范方面,主要风险是内部信息传递行为主体不明确和责任不清晰。在现代企业中,内部信息传递的范围覆盖全流程业务节点,包括企业中所有与内部控制相关的信息部门、业务部门、财务部门等。规范内部信息传递的行为主体及其责任是加强内部信息传递的基础,是信息系统环境下内部控制有效实施的关键因素。因此,企业应当在制度中明确界定内部信息传递各层级行为主体的职责,应当对内部信息传递过程中的内部报

告审核权限进行管理,对各层级行为主体予以分工,把决策层、管理层、执行层和监督层的行为主体权力固化。

2. 建立内部信息传递沟通机制

由于企业的管理运营模式和信息系统不衔接等原因,企业内部信息传递容易产生信息孤岛的现象。在建立内部信息传递沟通机制方面,主要风险有内部信息传递沟通机制不适用和传递部门间协调不畅通。基于信息系统的要求,企业应当定义自己的内部控制流程,确保内部控制流程中各个组织节点、业务节点和岗位节点在信息传递过程中保持适当协调和无缝对接,做到内部报告及时有效传递,促进企业决策的落实和实施。

3. 建立内部报告指标体系

在建立内部报告指标体系环节,主要的风险有未以企业战略和管理模式为指导设计内部报告及指标体系;内部报告指标体系不完整或者过于复杂;指标体系缺乏调整机制;指标信息难以获得或者获得成本过高。因此,企业要根据自身的发展战略、生产经营、风险管理的特点,建立系统的、规范的多层级内部报告指标体系。内部报告指标体系中应当包含关键信息指标和辅助信息指标,还要根据企业内部和外部的环境变化,建立指标的调整和完善机制,使指标体系具有动态性和权变性。

4. 收集整理内外部信息

企业需要根据内部报告指标收集和整理各种信息,以便企业随时掌握有关市场状况、竞争情况、政策及环境的变化,保证企业发展战略和经营目标的实现。在收集整理内外部信息的过程中,主要风险有收集的内外部信息不足或者过多;信息内容不准确;信息收集和整理成本过高等。

5. 编制审核内部报告

在编制审核内部报告的过程中,主要风险有内部报告内容不完整或难以理解;内部报告编制不及时;未经审核即向有关部门传递。企业内部报告应当包括报告名、编号、执行范围、内容、起草或制定部门、报送和抄送部门、时效要求等。同时,编制完成的内部报告要经过有关部门和人员的审核。只有通过审核的内部报告才能进行传递。

6. 内部报告传递

内部报告中的信息多为企业内部生产经营管理信息,涉及企业的商业秘密。在内部报告传递过程中,主要的风险有缺乏内部报告传递规范流程;内部报告误传或丢失;内部报告传递系统中断等。因此,内部报告在传递过程中需要有严密的流程和安全的渠道。

7. 内部报告的使用和保管

内部报告使用过程中的主要风险有企业高层在决策时没有使用内部报告提供的信息和商业秘密通过企业内部报告被泄露。因此,要做到有效和安全使用内部报告,各级管理人员充分利用内部报告进行有效决策,管理和指导日常生产经营活动,协调企业相关部门和各单位的运营进度,确保企业实现发展战略和经营目标。

8. 内部报告的评估

内部报告评估过程中的主要风险有企业缺乏完善的内部报告评估机制;未能根据评估结果对内部报告体系及其传递机制进行及时调整。因此,企业应当对内部报告体系是否合理、完整,内部信息传递是否及时、有效,进行定期评估。评估发现内部报告及其传递存在缺陷的,企业应当及时进行修订和完善,确保内部报告提供的信息及时有效。

第二节 沟 通

一、沟通的定义

沟通,也称为信息交流,是指将某一信息传递给客体,以期客体做出反应的过程。根据《企业内部控制基本规范》第四十条的规定,企业应当将内部控制相关信息在企业内部各管理级次、责任单位、业务环节之间,以及企业与外部投资者、债权人、客户、供应商、中介机构和监管部门等有关方面之间进行沟通和反馈。信息沟通过程中发现的问题,应当及时报告并加以解决。对于重要的信息应当及时传递给董事会、监事会和经理层。

根据沟通对象进行划分,沟通可以分为内部沟通和外部沟通。内部沟通是指企业生产和服务的经营管理所需的内部信息、外部信息在企业内部的传递与共享。外部沟通是指企业与利益相关者之间的信息沟通。

二、沟通的方式

内部沟通的载体是内部管理报告,外部沟通的载体则是企业的外部财务报告。两种报告的信息内容有交叉,内部管理报告包括财务信息,便于管理层做决策,而外部财务报告包括管理信息,以便外部信息使用者了解财务信息的真实性和合理性。

(一)内部沟通

1. 内部报告的形成

(1)企业应当根据发展战略、风险控制和业绩考核要求,科学规范不同级次内部报告的指标体系,采用经营快报等多种形式,全面反映与企业生产经营管理相关的各种内外部信息。内部报告指标体系的设计应当与全面预算管理相结合,并随着环境和业务的变化不断进行修订和完善。设计内部报告指标体系时,应当关注企业成本费用预算的执行情况。内部报告应当简洁明了、通俗易懂、传递及时,便于企业各管理层级和全体员工掌握相关信息,正确履行职责。

(2)企业应当制定严密的内部报告流程,充分利用信息技术,强化内部报告信息集成和共享,将内部报告纳入企业统一信息平台,构建科学的内部报告网络体系。企业内部各管理层级均应当指定专人负责内部报告工作,重要信息应及时上报,并可以直接报告高级管理人员。企业应当建立内部报告审核制度,确保内部报告的信息质量。

(3)企业应当关注市场环境、政策变化等外部信息对企业生产经营管理的影响,广泛收集、分析、整理外部信息,并通过内部报告传递到企业内部相关管理层级,以便采取应对策略。

(4)企业应当拓宽内部报告渠道,通过落实奖励措施等多种有效方式,广泛收集合理化建议。企业应当重视和加强反舞弊机制建设,通过设立员工信箱、投诉热线等方式,鼓励员工及企业利益相关方举报和投诉企业内部的违法违规、舞弊和其他有损企业形象的行为。

2. 内部报告的使用

(1)企业各级管理人员应当充分利用内部报告管理和指导企业的生产经营活动,及时反映全面预算执行情况,协调企业内部相关部门和各单位的运营进度,严格绩效考核和责任追究,确保企业实现发展目标。

(2)企业应当有效利用内部报告进行风险评估,准确识别和系统分析企业生产经营活动中的内外部风险,确定风险应对策略,实现对风险的有效控制。企业对于内部报告反映出的问题应当及时解决;涉及突出问题和重大风险的,应当启动应急预案。

(3)企业应当制定严格的内部报告保密制度,明确保密内容、保密措施、保密程度和传递范围,防止泄露商业秘密。

(4)企业应当建立内部报告的评估制度,定期对内部报告的形成和使用进行全面评估,重点关注内部报告的及时性、安全性和有效性。

3. 内部信息传递需要关注的主要风险

(1)内部报告系统缺失、功能不健全、内容不完整,可能影响生产经营的有序运行。

(2)内部信息传递不通畅、不及时,可能导致决策失误、相关措施难以落实。

(3)内部信息传递中商业秘密被泄露,可能削弱企业的核心竞争力。

(二)外部沟通

有效的外部沟通不仅可以扩大企业的影响力,还可以帮助企业获得很多重要的信息。通过开放的沟通渠道,客户和供应商能够对产品或服务的设计或质量提供非常重要的信息,从而使公司能够更好地满足不断变化的客户需求和偏好。政府出台相关政策法律,对企业的生产、运营管理实行外部监督;同时企业提供的税务、社会责任等信息为政府的行业监管提供依据。银行通过管理层提供的财务报告了解企业的现金流量情况和偿债能力。外部审计师对主体经营和相关业务活动以及控制体系的了解,可以为管理层和董事会提供重要的控制信息;同时,通过财务报告可以检验企业财务信息的真实可靠性,并为外部信息使用者出具审计意见。

1. 与投资者和债权人的沟通

投资者和债权人是企业资本的提供者,也是企业风险的主要承担者。因此,企业有必要向他们及时报告企业的战略规划、经营方针、投融资计划、年度预算、经营成果、财务状况、利润分配方案以及重大担保、合并分立、资产重组等方面的信息。

财务报告是管理层与外部投资者沟通的重要媒介。财务报告向投资者解释了他们的钱是如何用于投资的,企业业绩如何,以及公司当前业绩是如何与公司整体企业文化和发展战略保持一致的。

财务报告不仅提供了公司已发生交易的记录,还反映了公司管理层对于公司未来的估计和预测。例如,财务报告中包括了对于坏账的估计、对于有形资产使用寿命的预测,此外,财务报告中还隐含了一种预测,即在未来公司的支出将会产生超过成本的现金流量收益。与外部投资者相比,公司管理层更容易对公司的未来做出准确的预测,因此,财务报告是一种与投资者进行沟通的有效方式。

然而,投资者也很容易对管理层提供的财务报告产生怀疑。美国的《萨班斯-奥克斯利法案》要求 CEO 和 CFO 必须保证公司的财务报告公允地反映公司的财务业绩,同时保证公司的内部控制足以支持财务报告。该项要求增加了公司管理层的责任和义务,同时也减轻了外部投资者的怀疑。

2. 与客户的沟通

客户是企业产品和服务的接受者。企业经营目标的实现依赖于客户的配合。企业可以通过客户座谈会、走访客户等多种形式,定期听取客户对消费偏好、销售政策、产品及服务质量、售后服务、货款结算等方面的意见和建议,收集客户需求和客户意见,妥善解决可能存在的控制不当问题。

3. 与供应商的沟通

供应商处于供应链的上游,对企业的经营活动有很强的制约能力。企业可以通过供需见面会、订货会、业务洽谈会等多种形式与供应商就供货渠道、产品质量、技术性能、交易价格、信用政策、结算方式等问题进行沟通,及时发现可能存在的控制不当问题。

4. 与中介机构的沟通

这里的中介机构主要包括进行外部审计的会计师事务所和律师事务所。外部审计的会计师事务所对企业的财务报告进行审计,通过一系列完善的审计程序通常能够发现企业日常经营以及财务报告中存在的问题。企业应当定期与注册会计师进行会晤,听取其有关财务报表审计、内部控制等方面的建议,以保证内部控制的有效运行以及双方工作的协调。

企业在组织经济活动时,不可避免地会与其他企业发生经济纠纷,因此需要聘请律师帮助处理纠纷,以保障企业的利益。同时,随着我国经济法规的日益健全与完善,企业需要那些熟悉经济法规的专业人员参与经济项目的制定与实施过程。企业可以根据法定要求和实际需要,聘请律师参与重大业务、项目和法律纠纷的处理,并保持与律师的有效沟通。

案例分析5-2

山田阳一是一家日资企业的日籍雇员,在制造部门担任经理。山田阳一刚来中国分公司,就对制造部门进行改造。他发现制造现场的数据很难及时反馈上来,于是决定从生产报表开始改造。借鉴日本母公司的生产报表,他设计了一份非常完美的生产报表,从报表中可以看出生产的所有细节。每天早上,所有的生产数据都会及时放在山田阳一的桌子上。山田阳一很高兴,认为他拿到了生产的第一手数据。没过几天,出现了一次大的质量事故,但报表上根本就没有反映出来,山田阳一这才知道,报表上的数据都是随意填写的。为了这件事,山田阳一多次找工人开会,强调认真填写报表的重要性,但每次开完会,过不了几天就又回到了原来的状态。山田阳一怎么也想不通。

山田阳一的苦恼是很多企业中的经理人的烦恼。现场的操作工人很难理解山田阳一的目的,因为数据分析距离他们太遥远了。大多数工人只知道好好干活,拿工资养家糊口。不同的人,他们所站的高度不一样,只开会强调,效果是不明显的,应该站在工人的角度去思考。后来,山田阳一将生产报表与业绩奖金挂钩,并要求干部经常检查,工人们知道认真填写报表与切身利益有关系,才重视起来。在沟通中,不要简单地认为所有人的认识、看法都和自己是一致的,对待不同的人,要采取不同的模式,要用对方听得懂的"语言"沟通!

因此,企业应当加强内部报告管理,全面梳理内部信息传递过程中的薄弱环节,建立科学的内部信息传递机制,明确内部信息传递的内容、保密要求及密级分类、传递方式、传递范围以及各管理层级的职责权限等,促进内部报告的有效利用,充分发挥内部报告的作用。

第三节　信息系统

一、信息系统的定义

信息系统是指企业利用计算机和通信技术,对内部控制进行集成、转化和提升所形成的信息化管理平台。

企业应当重视信息系统对内部控制的作用,根据内部控制要求,结合组织架构、业务范围、地域分布、技术能力等因素,制定信息系统建设整体规划,加大投入力度,有序组织信息系统开发、运行与维护,优化管理流程,防范经营风险,全面提升企业现代化管理水平。

二、信息系统的开发

(一)制定信息系统开发的战略规划

信息系统开发的战略规划是信息化建设的起点,是以企业发展战略为依据制定的企业信息化建设的全局性、长期性规划。

1. 信息系统开发战略规划的主要风险

(1)缺乏战略规划或规划不合理,可能造成信息"孤岛"或重复建设,导致企业经营管理效率低下;

(2)没有将信息化与企业业务需求相结合,会降低信息系统的应用价值。

2. 信息系统开发战略规划的管控措施

(1)企业必须制定信息系统开发的战略规划和中长期发展计划,并在每年制订经营计划的同时制订年度信息系统建设计划,促进经营管理活动与信息系统的协调;

(2)企业在制定信息化战略的过程中,要充分调动和发挥信息系统归口管理部门与业务部门的积极性,使各部门广泛参与,充分沟通,提高战略规划的科学性、前瞻性和适应性;

(3)信息系统开发的战略规划要与企业的组织架构、业务范围、地域分布、技术能力等相匹配,避免相互脱节。

(二)选择适当的信息系统开发方式

信息系统的开发建设是信息系统生命周期中技术难度最大的环节。开发建设主要有自行开发、外购调试、业务外包等方式。

1. 自行开发

自行开发需要企业依托自身力量完成整个开发过程。采用此种开发方式时,开发人员熟悉企业情况,可以较好地满足企业的需求。通过自行开发,还可以培养锻炼企业自己的开发队伍,便于后期的运行和维护。因此,自行开发的适用条件通常是企业自身技术力量雄厚,而且市场上没有能够满足企业需求的成熟的商品化软件和解决方案。例如,百度的搜索引擎系统就偏重于自行开发。

2. 外购调试

外购调试是指企业购买成熟的商品化软件,通过参数配置和二次开发满足企业的需求。外购调试的优点是开发建设周期短,成功率较高;成熟的商品化软件质量稳定,可靠性高;专业的软件提供商经验丰富。但是此种方式难以满足企业的特殊需求,系统的后期升级进度受制于商品化软件供应商产品更新换代的速度,企业自主性不强,较为被动。此种方式适用于企业的特殊需求较少,市场上已有成熟的商品化软件和系统实施方案等情况。

3. 业务外包

业务外包是指企业将信息系统开发项目外包出去,由专业公司或科研机构负责开发、安装和实施,企业可直接使用。企业可以充分利用专业公司的专业优势,构建全面、高效的满足企业需求的个性化系统;企业不必培养、维持庞大的开发队伍,节约了人力资源成本。但是,业务外包的沟通成本高,系统开发方难以深刻理解企业的需求,可能导致开发的信息系统与企业预期有较大的偏差。当市场上没有能够满足企业需求的成熟的商品化软件和解决方案时,或者企业自身技术力量薄弱或出于成本效益原则考虑时,可以采用业务外包的方式。

三、信息系统的内部控制

信息系统的内部控制主要包括四个方面的内容:日常运行维护、系统变更、安全管理、系统终结。

(一)日常运行维护

日常运行维护的目标是保证系统正常运转,主要工作内容包括系统的日常操作、日常巡检和维修、系统运行状态监控、异常事件的报告和处理等。

1. 主要风险

日常运行维护的主要风险包括:

(1)没有建立规范的信息系统日常运行管理规范,计算机软硬件的内在隐患易爆发,可能导致企业信息系统出错;

(2)没有执行例行检查,导致一些恶意攻击长期隐藏在系统中,从而造成严重损失;

(3)企业信息系统数据未能定期备份,导致系统损坏后数据无法恢复,从而造成重大损失。

2. 管控措施

针对主要风险可以采取的管控措施包括:

(1)企业应制定信息系统使用操作程序、信息管理制度以及各模块子系统的具体操作规范,及时跟踪、发现和解决系统运行中存在的问题,确保信息系统按照规定的程序、制度和操作规范持续稳定运行;

(2)切实做好系统运行记录,尤其是对于系统运行不正常或无法运行的情况,应将异常现象、发生的时间和可能的原因详细记录;

(3)企业要重视系统运行的日常维护,在硬件方面,日常维护主要包括各种设备的保养与安全管理、故障的诊断与排除、部件的更换与安装等,这些工作应由专人负责;

(4)配备专业人员负责处理信息系统运行中的突发事件,必要时会同系统开发人员或软硬件供应商共同解决。

(二)系统变更

系统变更主要包括硬件的升级扩容、软件的修改与升级等,系统变更是为了更好地满足企业需求,同时应加强对变更申请、变更成本与进度的控制。

1. 主要风险

系统变更的主要风险包括:

(1)企业没有建立严格的变更申请、审批、执行、测试流程,导致系统随意变更;

(2)系统变更后的效果达不到预期目标。

2. 管控措施

针对主要风险可以采取的管控措施包括:

(1)建立标准流程实施和记录系统变更,保证变更过程得到适当的授权与管理层的批准,并对变更进行测试;

(2)系统变更程序(如软件升级)需要进行与新系统开发项目同样的验证和测试,必要时还应当进行额外测试;

(3)加强紧急变更的控制管理;

(4)加强对将变更移植到生产环境中的控制管理,包括系统访问授权控制、数据转换控制和用户培训等。

(三)安全管理

安全管理的目标是保障信息系统安全。信息系统安全是指信息系统包含的所有硬件、软件和数据受到保护,不因偶然和恶意的原因遭到破坏、更改和泄露,信息系统能够连续正常运行。

1. 主要风险

安全管理的主要风险包括:

(1)硬件设备分布物理范围广,设备种类繁多,安全管理难度大,可能导致设备生命周期短;

(2)业务部门信息安全意识薄弱,对系统和信息安全缺乏有效的监管手段,少数员工可能恶意或非恶意滥用系统资源,造成系统运行效率降低;

(3)对系统程序的缺陷或漏洞安全防护不够,遭受黑客攻击,造成信息泄露;

(4)对各种计算机病毒防范清理不力,导致系统运行不稳定,甚至瘫痪;

(5)缺乏对信息系统操作人员的严密监控,可能导致舞弊和利用计算机犯罪。

2. 管控措施

针对主要风险可以采取的管控措施包括:

(1)企业应在健全设备管理制度的基础上,建立专门的电子设备管控制度(比如银行的核心数据库服务器),未经授权不得接触;

(2)成立专门的信息系统安全管理机构,由企业主要领导负总责,对企业的信息安全进行总体规划和全方位严格管理,由企业的信息主管部门负责具体实施;

(3)按照国家相关法律法规以及信息安全技术标准制定信息系统安全实施细则;

(4)有效利用技术手段,对硬件配置调整、软件参数修改严加控制;

(5)委托专业机构进行系统运行与维护管理的,要严格审查其资质条件、市场商誉等,并与其签订正式的服务合同和保密协议;

(6)采取安装安全软件等措施防范信息系统受到病毒软件的破坏;

(7)建立系统数据定期备份制度,明确备份范围、频率、方法、责任人、存放地点、有效性检查等内容;

(8)建立信息系统开发、运行与维护等环节的岗位责任制度和不相容职务分离制度,防范利用计算机舞弊和犯罪的行为;

(9)积极开展信息系统风险评估工作,定期对信息系统进行安全评估,及时发现系统安全问题并加以整改。

(四)系统终结

系统终结是信息系统生命周期的最后一个阶段,在该阶段,信息系统将停止运行。停止运行的原因通常有企业破产或被兼并、原有信息系统被新的信息系统代替。

1. 主要风险

系统终结的主要风险包括:

(1)因经营条件发生剧变,数据可能泄露;

(2)信息档案的保管期限不够长。

2. 管控措施

针对主要风险可以采取的管控措施包括:

(1)做好善后工作,不管因何种情况导致系统停止运行,都应将废弃系统中有价值或者涉密的信息进行销毁、转移;

(2)严格按照国家有关法律法规和对电子档案的管理规定妥善保管相关信息档案。

(五)信息系统内部控制的风险

现代企业的经营越来越依赖于信息系统。例如:航空公司的网上订票系统、银行的基金实时结算系统、旅行网的客户服务系统等。没有信息系统的支撑,业务开展就举步维艰、难以为继,企业经营则很可能陷入瘫痪状态。还有一些新兴产业和新兴企业,其商业模式完全依赖信息系统。例如,各种网络公司(如新浪、网易、百度)、各种电子商务公司(如阿里巴巴),若没有信息系统,这些企业可能失去生存之基。同时应当看到,企业信息系统内部控制以及利用信息系统实施内部控制也面临诸多风险。企业应当重点关注下列风险:

(1)缺乏信息系统建设整体规划或规划不当,可能导致重复建设,形成信息"孤岛",影响企业发展目标的实现;

(2)开发不合理或不符合内部控制要求,可能导致企业无法利用信息系统实施有效控制;

(3)授权管理不当,可能导致非法操作和舞弊现象;

(4)安全维护措施不当,可能导致信息泄露或毁损,使系统无法正常运行。

(六)信息系统内部控制的岗位分工与授权审批

1. 建立信息系统岗位责任制

企业应当建立计算机信息系统岗位责任制,具体内容如表 5-1 所示。

表 5-1　计算机信息系统岗位职责

序号	岗位	职责
1	系统分析	分析用户的信息需求,并据此制定、设计或修改方案
2	编程	编写计算机程序,执行系统分析岗位的设计或修改方案
3	测试管理	设计测试方案,对计算机程序是否满足设计或修改方案进行测试,根据编程岗位的反馈修改程序,以最终满足测试方案
4	程序管理	保障并监控应用程序正常运行
5	数据库管理	对信息系统中的数据进行存储、处理、管理,维护组织的数据资源
6	数据控制	维护计算机路径代码的注册,确保原始数据经过正确授权,监控信息系统工作流程,协调输入和输出,将输入的错误数据反馈到输入部门并跟踪监控其纠正过程,将输出信息分发给经过授权的用户
7	终端操作	终端用户负责记录交易内容,授权处理数据,并合理利用系统输出的结果

2. 不相容岗位

（1）系统开发和变更过程中,不相容岗位（或职责）一般包括开发（或变更）、立项、审批、编程和测试。

（2）系统访问过程中,不相容岗位（或职责）一般包括申请、审批、操作、监控。

3. 授权审批与管理

（1）企业计算机信息系统战略规划、重要信息系统政策等重大事项应当经董事会（或者企业章程所规定的经理、厂长办公室等类似的决策机构）审批通过后方可实施。

（2）信息系统战略规划应当与企业业务目标保持一致。信息系统使用部门应该参与信息系统战略规划、重要信息系统政策等的制定工作。

（3）企业可以指定相关部门对计算机信息系统实施归口管理,负责信息系统开发、变更、运行及维护等工作。

本章小结

《企业内部控制基本规范》第三十八条指出,企业应当建立信息与沟通制度,明确内部控制相关信息的收集、处理和传递程序,确保信息及时沟通,促进内部控制有效运行。

信息的分类:根据信息的正式程度可以分为正式信息与非正式信息;根据信息的来源可以分为内部信息和外部信息;根据信息的主客观因素可以分为客观信息和主观信息。

按照《企业内部控制基本规范》中的规定,内部控制活动所需要的信息包括来自企业内部和外部的与企业经营管理相关的财务及非财务信息,即内部控制中信息收集的内容包含了企业的内外部信息、主客观信息、正式与非正式信息,以及影响企业内部环境、风险评估、控制活动及内部监督的信息。因此,企业在确定信息收集的内容时,应在内部控制覆盖的信息范围内,根据不同的信息需求收集不同的信息,即确认有效信息。

根据《企业内部控制基本规范》第四十条的规定,企业应当将内部控制相关信息在企业内部各管理级次、责任单位、业务环节之间,以及企业与外部投资者、债权人、客户、供应商、中介机构和监管部门等有关方面之间进行沟通和反馈。

根据沟通对象进行划分,沟通可以分为内部沟通和外部沟通。内部沟通是指企业生产和服务的经营管理所需的内部信息、外部信息在企业内部的传递与共享。外部沟通是指企业与利益相关者之间的信息沟通。

信息系统是指企业利用计算机和通信技术,对内部控制进行集成、转化和提升所形成的信息化管理平台。企业应当重视信息系统对内部控制的作用,根据内部控制要求,结合组织架构、业务范围、地域分布、技术能力等因素,制定信息系统建设整体规划,加大投入力度,有序组织信息系统开发、运行与维护,优化管理流程,防范经营风险,全面提升企业现代化管理水平。

思考题:

(1)什么是信息?如何进行信息的收集?

(2)内部信息传递各环节的主要风险有哪些?可以采取哪些控制措施?

(3)内部信息传递时,编制及审核内部报告环节的主要风险有哪些?有哪些相应的管控措施?

(4)信息系统内部控制是如何进行岗位分工与授权审批的?

(5)试评价信息系统开发的外购调试方式,并说明这种方式适合哪种类型的企业。

(6)在企业信息系统内部控制的过程中,应关注哪些风险点?

案例思考

广东联通信息系统建设

一、广东联通信息系统结构

广东联通信息系统主要包括三大系统域:运营支撑系统域(OSS)、业务支撑系统域(BSS)和管理支撑系统域(MSS)。其中,运营支撑系统域属于生产管理系统,面向服务和资源,为综合运营提供支持,主要包括集成订单管理系统、服务开通管理系统、综合资源管理系统、综合生产调度系统、动力监控系统等。业务支撑系统域属于业务管理系统,为市场营销、客户服务等企业经营活动提供全面支撑,主要包括外部门户系统、CRM(客户关系管理)系统、合作伙伴管理系统、经营分析系统、综合计费账务系统、综合结算系统和综合采集系统等。管理支撑系统域属于管理支持系统,为企业管理活动提供有力的支撑和保障,主要包括内部门户系统、企业决策支持系统、ERP(企业资源计划)系统、OA(办公自动化)系统等。ERP系统又包括会计信息系统、采购管理、库存管理、人力资源管理等子系统。

二、广东联通信息系统内部控制的状况

信息系统内部控制是广东联通内部控制的重要组成部分,包括信息系统一般控制和信息系统应用控制。在内部控制建设过程中,广东联通对2200多个风险点(其中信息系统关键控制点349个)进行了详细分析,制定了相应的控制措施。

1.一般控制

信息系统的一般控制是指对信息系统的开发和应用环境进行的控制,主要包括信息系统控制环境管理、系统开发管理、系统变更管理、日常运行维护管理、系统安全管理等内容。广东联通强调信息系统生命周期全过程管理,明确了信息系统各阶段的风险控制点。为了加强信息系统一般控制,中国联通及广东联通还制定了一系列制度,包括《中国联通广东分公司信息系统项目建设规程》《中国联通信息系统管理规范订立及修改细则》等。

2. 应用控制

信息系统的应用控制是指利用信息系统对业务处理实施的控制。根据业务处理环节划分,信息系统的应用控制包括输入控制、处理控制和输出控制等内容。广东联通信息化程度高,公司生产经营完全依赖信息系统的支持。因此,信息系统的应用控制与公司的生产经营业务密不可分。广东联通通过梳理业务流程,强化职责分工,实现不相容职务分离等手段加强信息系统的应用控制。

三、广东联通信息系统内部控制的特点

1. 信息系统内部控制风险大

广东联通的信息系统非常庞大,信息系统的数量多达二十几个,涵盖了运营、业务和管理三大领域。公司高度重视信息系统的建设,利用信息系统来支持公司的业务发展。随着新产品的不断推出,需要不断增加新的信息系统,旧的信息系统不断进行升级变更。信息系统的故障将直接影响服务的提供,因此,广东联通信息系统内部控制风险较大。

2. 信息系统控制力度大,控制点多

执行《萨班斯-奥克斯利法案》的企业,其信息系统控制点一般只有几十个,而广东联通有三百多个信息系统关键控制点。信息系统控制点多,管理不断细化。

3. 实行信息系统生命周期全过程管理

广东联通既强调信息系统一般控制,又重视信息系统应用控制。其信息系统内部控制包括信息系统控制环境管理、系统开发管理、系统变更管理、系统安全管理、系统运行维护管理以及与业务密切联系的信息系统应用管理,涵盖了系统规划、需求分析、系统设计、系统实施、系统运行维护、系统评价等整个信息系统生命周期。

4. 提倡系统控制,减少人工控制

系统控制效率高、风险小,而人工控制成本高、风险大。因此,广东联通在信息系统开发过程中,充分利用信息技术优势,优化流程,完善控制点,将业务处理规则嵌入系统程序中,减少人工控制,增加系统控制,实现了人工处理环境下难以实现的控制功能,从而更加高效地预防、发现和纠正错误和舞弊现象。

5. 重视企业全面风险管理

广东联通内部控制的建设不仅仅是为了应对审计,更重要的是为了强化公司管理,加强全面风险管理。公司以全面风险评估为基础,加强了费用规范管理,信息系统及电子表格控制管理,会计与业务核对,套餐审批及信用额度管理,工程物资、存货及固定资产管理,财务关账控制等方面的风险识别和风险分析,评估现有控制措施设计的完整性和执行的有效性,持续维护和完善内部控制制度,确保涵盖所有重大经营风险。

思考:(1)信息系统建设的必要性。

(2)广东联通案例对企业加强信息系统内部控制建设的启示。

本章练习题

第六章 内部监督

案例导入

安然公司破产

安然公司曾是美国、一度也是全球的头号能源交易商。它拥有遍布全球的发电厂和输油管线,在美国电力和天然气市场具有呼风唤雨的实力。安然公司以高达700亿美元的市值和1000亿美元的年收入,让IBM和AT&T都黯然失色。在《财富》杂志2000年全球500大公司排名中安然曾位列第7,并被该杂志评为美国最有创新精神的公司。

曾经有评论说,安然这个神话是如此炫目和风光,令人难以置信。就是这样一个看起来坚不可摧的公司,在2001年12月2日向纽约破产法院申请了破产保护。

安然公司在申请文件中开列的资产总额为498亿美元,超过德士古公司在1987年提出破产申请的359亿美元,由此创下了美国有史以来最大宗的破产申请纪录。

安然公司创下的纪录远不止如此。2001年11月28日,安然股价在一天之内猛跌超过75%,创下纽约股票交易所和纳斯达克市场有史以来单日下跌幅度之最。2001年11月30日,该公司股票又跌至每股0.26美元,而不到一年前安然股价曾达到90.75美元的高度,相比之下,安然股价已经严重缩水。由此,安然又创下了美国有史以来公司破产速度之最。这意味着,上一年度从安然退休的员工获得的50 000美金公司股票,已经值不了150美元。

安然事件将作为财务舞弊和审计失败的经典案例载入企业发展史。安然公司破产的原因非常复杂,可以说美国资本市场的有关方面均有不可推卸的责任。审视安然公司内部,除了公司治理结构的缺陷、独立董事不独立、过分强调管理创新、忽视内部风险控制、管理者当局的素质和诚信道德的缺失、安然企业文化的不足外,内部监督是一个重要原因。

现行美国的公司治理结构中,上市公司监督管理渠道主要有内部控制机制和外部监督机制两方面。内部层次有董事会、管理当局、审计委员会、监事会、职工;外部有证券市场投资者、债权人、新闻媒体、证券分析师与评级师、证监会、审计师、法律法规及法庭诉讼。内部监督的成本相对低于外部监督,有效性也应当更高。美国公司内部监督的主要职能部门是董事会设立的审计委员会。

安然事件中,审计委员会大多由退休人员担任,这些人与公司高层有良好的私人关系,独立性较差。安然公司利用美国财务会计法规的漏洞编制优于实绩的报表业绩,产生内幕交易行为,公司的审计委员会因未能控制这种明显的钻空子行为而备受指责。内部监事会也未能做好事前防范和预警,特别是对公司业务中的金融期货等高风险项目未采取措施予以规范引导以避免最后的巨大损失。

思考：什么是内部监督？内部监督的方式与程序是什么？内部监督的基本要求是什么？内部监督的缺陷及对企业的影响是什么？

第一节 内部监督概述

一、内部监督的定义

作为内部控制五要素之一，内部监督的作用非常重要。由于内部控制的局限性，企业所设计的内控制度不可能提供绝对的保证，在执行过程中会出现一系列无法控制的情形，导致内部控制不能更好地发挥作用。要提高内部控制的有效性，就有必要对内部控制运行的情况实施监督，及时发现问题并修改完善。

按照《企业内部控制基本规范》的界定，内部监督是指企业对内部控制建立与实施情况进行监督检查，评价内部控制的有效性，发现内部控制缺陷，并及时加以改进。

内部控制五要素之间有着密切的关系，相互联系、相互补充：

第一，内部环境在内部监督中发挥着基础作用，如公司的董事会治理结构决定着内部监督的地位和重要性，在一定程度上影响内部监督实施的方向和效果；同时，通过内部监督，也能够促进内部环境的优化。

第二，风险评估、控制活动与内部监督形成一个局部的闭环控制网络。

第三，信息与沟通为内部监督提供必要的支持。企业根据获取的信息，能够进一步提高监督检查工作的针对性和时效性。

总之，内部监督能够帮助企业内部控制有效运行。企业应当建立内部监督机制，规范内部监督的程序、方法和要求。

二、内部监督机构及其职责

为了充分发挥内部监督的作用，保证内部监督的客观性和独立性，企业应当设立内部监督机构。按照监督主体的职责和性质，内部监督机构可以分为专职的内部监督机构和其他机构，主要包括审计委员会、监事会和内部审计机构。

（一）审计委员会

根据美国《萨班斯-奥克斯利法案》的定义，审计委员会是指由发行证券公司的董事会发起并由董事会成员组成的委员会，其目的是监督公司的会计、财务报告以及审计公司的会计报表。

审计委员会的主要职责包括以下几个方面：

(1) 审核及监督外部审计机构是否独立客观，以及审计程序是否有效；

(2) 就外部审计机构提供非审计服务制定政策并执行；

(3) 审核公司的财务信息及其披露；

(4)监督公司的内部审计制度及其实施;

(5)负责内部审计与外部审计之间的沟通;

(6)审查公司内部控制制度,对重大交易进行审计。

在公司治理过程中,审计委员会很大程度上起着一种在公司管理人员、董事会、内部审计人员和外部审计师之间架设桥梁的作用,对各个部门的责任履行情况行使一定的监督权,在很大程度上保证了其他各个部门责任的落实到位。

(二)监事会

为了保证公司正常有序地经营,保证公司决策正确,防止领导层滥用职权,保护公司、股东的利益,《公司法》《上市公司治理准则》《企业内部控制基本规范》都强调了监事会的监督职能。监事会是股东大会领导下的公司的常设监察机构,执行监督职能。监事会对股东大会负责,对公司的经营管理进行全面的监督,包括调查和审查公司的业务状况,检查各种财务情况,并向股东大会或董事会提供报告,对公司各级干部的行为实行监督,对领导干部的任免提出建议,对公司的计划、决策及其实施进行监督等。

我国《企业内部控制基本规范》从内部控制的角度,在第十二条中对《公司法》中有关监事会的职能做了补充规定:监事会对董事会建立与实施内部控制进行监督。

(三)内部审计机构

内部审计是一种独立、客观的确认和咨询活动,旨在增加价值和改善组织的运营。它通过应用系统的、规范的方法,评价并改善风险管理、控制及治理过程的效果,帮助组织实现其目标。

内部审计机构在公司内部不直接参与管理经营,但企业经济行为的开展离不开内部审计,内部审计机构了解企业内部控制的相关规章制度和流程,实际上是对企业内部控制工作的掌握和把控。企业的内部控制程序应当由企业内部审计机构按期进行系统性的评判,还应当对有关制度的合理性进行预估和评判,保障企业在重大意外事件发生时有防备措施。

在企业实务中,虽然内部控制建设和完善工作的落脚点是一致的,但具有内部控制成功经验的企业所采用的模式具有一定的差异。有的公司设置内部控制委员会,并在其统一部署下开展工作。企业设立的内部控制委员会不仅担负着总部的内控工作,而且对下属分公司的内部控制工作负有统筹协调的责任。

案例分析6—1

美国通用电气公司(GE)的内部审计

GE是美国最大的产业公司之一,也是世界上最大的电气公司。该公司有12大类产品和服务项目,包括家用电器、广播设备、航空机械、科技新产品开发、销售服务等。

1. GE内部审计的目标与内容

GE为其公司审计署设定了标新立异的工作目标:超越账本、深入业务。这一目标的设定使得公司的内部审计在检查和改善下属单位的经营状况、保证投资效果符合公司的总体战略目标和培养管理人才方面开创了极为成功的范例。GE的内部审计包括两类:首先是下属企业财务部门自己的审计,重点审查其自身经营情况和财务活动是否符合总公司的规定;其次是总公司一级的审计。最能代表GE特色的是其公司审计署的审计。

2. GE内部审计的特色

GE认为,要做好审计工作,有两个关键因素,一个是统一的会计标准和原则,另一个是双重报告系统。公司财务部有一套会计标准和原则,每级财务部门的职责就是坚持贯彻这些原则。公司财务部提供基本的会计结构,各个部门围绕此结构运行。此结构有助于坚持共同的会计标准和原则,内部审计主要监督的就是各下属企业是否认真遵守了这些标准和原则。

在审计工作中,审计人员首先从查账入手,但决不止步于单纯查账,而是花费更多的时间和精力去研究可能有问题的业务,包括业务流程和有关策略、措施,意在发现企业经营效果、内部资源的开发利用、产品质量和服务等各个方面有无可以改进之处。他们对于风险大、利益也大的方面尤其注意。因为人们习惯于在风险面前明哲保身,往往出现低效率、浪费、不求进取等种种弊端。

3. GE内部审计的人员结构

GE内部审计人员绝大多数是有工作经验的人,其中大约80%的人有财会方面的学历,15%的人有相关产业知识背景和管理等方面的经验,5%的人是做信息处理的。公司每年从几百个报名者中精心挑选几十名进入审计署,同时从审计署中输送人才去充实GE各业务集团的管理干部队伍。包括副总裁在内的各级管理干部中有相当数量的人有审计工作经历,整个GE中级以上财会管理人员中有60%~70%是由公司审计署输送的。每年离开审计署的人员中约有40%可以直接晋升为中级以上管理人员。

4. GE内部审计的工作流程

在审计工作开始之前,审计小组要做的工作是了解和研究情况,倾听其他有经验成员的想法和建议,他们形象地把这种调查研究称为对大脑的一次知识和概念的"轰炸",在此之后才确定本次审计的目标。在审计中,审计小组对整个审计工作负全责,召开调查会、进行个别谈话、收集情况和资料等活动都由他们自主安排。在这之后是分析情况,理清头绪,衡量各种问题间的相互影响。为了实现审计目标,他们可以做自己认为需要做的任何工作,目的只有一个:找出问题的解决方案。即便找到了解决办法,事情也远未结束。实施方案的具体建议一般由审计小组提出,而且他们要把新方案变成一种日常工作,具体落实后才放手,以便他们离开后各部门能够继续坚持新方案。在这一过程中,审计小组要与被审计部门的领导和业务人员打无数次交道。

第二节 内部监督的方式与要求

为了保证内部监督的有效运行,企业实施内部监督主要包括几个方面:首先,完善内部监督制度,主要是从监督的组织架构、岗位设置、岗位职责、相关权限等方面进行明确;在此基础上实施监督,包括对企业内部控制的建立与实施情况进行监督检查,寻找企业内部控制存在的问题;同时根据发现的问题及薄弱环节,分析企业内部控制的缺陷;最后对内部控制进行整改。

一、内部监督的方式

(一)日常监督和专项监督的定义

根据《企业内部控制基本规范》,内部监督包括日常监督和专项监督。日常监督是指企业对建立与实施内部控制的情况进行常规、持续的监督检查,它实际上就是持续监控活动。日常监督应当与企业日常的经营活动相结合,整合于企业的经营活动过程之中,与日常经营活动结合起来进行;对于发现的内部控制缺陷,应当及时向有关负责人报告并提出解决问题的方案,对存在的问题予以纠正。专项监督是指在企业发展战略、组织结构、经营活动、业务流程、关键岗位员工等发生较大调整或变化的情况下,对内部控制的某一方面或者某些方面进行的有针对性的监督检查。企业应当定期拟订内部控制专项监督计划,确定当期专项监督的内容和对象。对于专项监督的范围和频率,企业应当根据风险评估结果以及日常监督的有效性等予以确定。对用于具有重大风险的内部控制以及关键业务的内部控制,应当优先对其进行专项监督。对于专项监督中发现的问题,要及时向有关方面报告,提出完善内部控制的意见和建议,并监督有关方面进行完善。

(二)日常监督的类型和具体内容

1. 日常监督的类型

按照日常监督的主体,可以将日常监督分为管理层监督、单位监督、内部控制机构监督、内部审计监督。

管理层监督,要求董事会和经理层能够通过信息的反馈,实施内部控制评价,听取内部控制评价报告等来验证企业内部控制是否有效运行,并积极采取整改措施进行整改。

单位监督,是指企业所属单位及内部各机构定期对职权范围内的经济活动实施自我监督,由经理层直接负责。

内部控制机构监督,是指企业设置专门的内部控制机构,结合单位监督、内外部审计、政府监管部门的意见等情况,根据风险评估结果,对企业认定的重大风险的管控情况及成效开展持续性的监督。

内部审计监督,是指内部审计机构接受董事会或经理层委托,对日常生产经营活动实施的审计检查。

2. 日常监督的具体内容

1)获得内部控制执行的证据

获取的证据主要包括:企业管理层收集汇总的各部门出现的问题;监督各方面的工作进展情况;相关职能部门进行自我检查、监督,对发现的问题进行的记录和提出的解决方案;内部控制部门对相关单位内部控制体系运行的监督和检查情况。

2)内外信息印证

内外信息印证是指来自外部相关方的信息支持对内部产生的结果或反映出的内部问题,主要包括:企业接受监管部门的监督,根据其提供的信息制定整改措施;通过各种方式与客户沟通,收集客户信息,制定整改措施并监督该措施的执行。

3)将会计记录的数据与实物资产相比较

企业应定期将会计记录的数据与实物资产进行比较,做到账实相符。例如,对成品库存应定期盘点,将盘点的数据与会计数据进行对比,并记录存在的差额。

4)定期提供建议

审计人员评估内部控制的设计以及测试其有效性,识别潜在的缺陷并向管理层提出替代方案,同时为管理层做出成本效益决策提供有用的信息。企业应积极响应审计人员的建议,根据实际情况做出整改方案并监督该方案的执行。

5)管理层对内部控制执行的监督

管理层主要通过以下渠道进行监督:审计委员会接收、保留及处理各种投诉及举报,并保证其保密性;管理层在培训和会议上了解内部控制的执行情况;管理层认真审核员工提出的各项合理建议,并不断完善建议机制;监管部门定期组织专项检查和调研,对出现的问题提出整改建议。

(三)专项监督的主体和重点

1. 专项监督的主体

企业内部控制(审计)机构、财务机构和其他内部机构都有权参与专项监督工作,也可以聘请外部中介机构参与。

2. 专项监督的重点

(1)高风险且重要的项目。审计部门依据日常监督的结果,对风险较高且重要的项目进行专项监督。

(2)内部环境变化。当内部环境发生变化时,要进行专项监督,以确定内部控制是否还能适应新的内部环境。

二、内部监督的要求

1. 对机构的要求

(1)能够独立行使监督权力。

(2)具备专业胜任能力和职业道德素养。

(3)与企业其他职能机构就监督与评价内部控制系统方面保持协调一致,在工作中相互配合、相互制约,在效率上满足企业对内部控制系统进行监督与评价所提出的有关要求。

(4)得到企业董事会和经理层的支持,通常直接接受董事会及其审计委员会的领导和监事会的监督,有足够的权威性来保证内部控制评价工作的顺利开展。

2. 对监督人员的要求

实施监督工作前,监督人员需要接受相关培训,培训内容一般包括内部控制专业知识及相关规章制度、工作流程、监督方法、文件填写要求、缺陷认定标准、监督人员的权利与义务等。

3. 重点关注关键控制

关键控制应考虑以下因素:复杂程度较高的控制;需要高度判断力的控制;已知的控制失效;相关人员缺少实施某一控制所必需的资质或经验;管理层凌驾于某一控制活动之上;某一项控制失效是重大的,且无法被及时识别与整改。

第三节 内部控制评价概述

一、内部控制缺陷的认定

(一)内部控制缺陷的定义

内部控制缺陷是描述内部控制有效性的一个负向维度。当内部控制的设计或运行不允许管理层或雇主实施他们的职能来及时防止错误或舞弊的发生,便产生了内部控制缺陷。

(二)内部控制缺陷的分类

内部控制缺陷按不同的标准可以分为不同的类别。

1. 设计缺陷和运行缺陷

按照内部控制缺陷成因或来源划分,可以分为设计缺陷和运行缺陷。

(1)设计缺陷,是指缺少实现控制目标所必需的控制,或现存控制设计不恰当,即使正常运行也难以实现控制目标。

(2)运行缺陷,是指设计有效(合理且适当)的内部控制由于运行不当(包括由不恰当的人执行、未按设计的方式运行、运行的时间或频率不当、没有得到一贯有效的运行等)而产生的内部控制缺陷。

2. 重大缺陷、重要缺陷和一般缺陷

按照影响企业内部控制目标实现的严重程度划分,可以分为重大缺陷、重要缺陷和一般缺陷。

(1)重大缺陷,是指一个或多个控制缺陷的组合,可能导致企业严重偏离控制目标。当存在任何一个或多个内部控制重大缺陷时,应当在内部控制评价报告中做出内部控制无效的结论。

(2)重要缺陷,是指一个或多个控制缺陷的组合,其严重程度低于重大缺陷,但仍有可能导致企业偏离控制目标。虽然重要缺陷的严重程度低于重大缺陷,不会严重危及内部控制的整体有效性,但是也要引起董事会、经理层的充分关注。

(3)一般缺陷,是指除重大缺陷、重要缺陷以外的其他内部控制缺陷。

3. 财务报告缺陷和非财务报告缺陷

按照具体影响内部控制目标的表现形式划分,可以分为财务报告缺陷和非财务报告缺陷。

(1)财务报告内部控制是指针对财务报告目标而设计和实施的内部控制。财务报告缺陷是指不能及时防止或发现并纠正财务报告错报的内部控制缺陷。

(2)非财务报告内部控制是指针对除财务报告目标之外的其他目标的内部控制。这些目标一般包括战略目标、资产安全、经营目标、合规目标等。非财务报告缺陷是指不能及时防止或发现并纠正的财务报告目标之外的内部控制缺陷。

(三)内部控制缺陷的认定步骤

1. 评价工作组初步认定阶段

在该阶段,内部控制评价工作组根据现场测试获取的证据,对内部控制缺陷进行初步认定,并按其严重程度分为重大缺陷、重要缺陷和一般缺陷。

2. 工作组负责人审核阶段

首先,企业内部控制评价工作组依据评价质量交叉复核制度对评价结果进行复核;其次,评价工作组负责人对评价工作底稿进行严格审核,并对所认定的评价结果签字确认,提交企业内部控制评价部门。

3. 评价部门全面复核阶段

在该阶段,企业内部控制评价部门应当编制内部控制缺陷认定汇总表,结合日常监督和专项监督发现的内部控制缺陷及其持续改进情况,对内部控制缺陷及其成因、表现形式和影响程度进行综合分析与全面复核,提出认定意见,并以适当的形式向董事会、监事会或者经理层报告。重大缺陷应当由董事会予以最终认定。企业对认定的重大缺陷,应当及时采取应对策略,切实将风险控制在企业可承受范围之内,并追究有关部门或相关人员的责任。

(四)内部控制缺陷的认定方法

内部控制缺陷的认定,特别是非财务报告缺陷的认定,还缺乏一个统一的标准。但对缺陷的严重性评估应当采用定性分析和定量分析两种方法。

1. 定性分析

定性分析就是运用归纳与演绎、分析与综合、抽象与概括等方法从总体上对评价对象进行"质"的方面的分析与把握,以确定内部控制缺陷的严重程度,详见表6-1。

表6-1 内部控制缺陷的定性认定标准

缺陷分类	影响内部控制的可能性	且/或	影响程度
重大缺陷	可能或很可能	且	严重影响
重要缺陷	可能或很可能	且	介于重大缺陷与一般缺陷之间
一般缺陷	可能性极小	或	一般

2. 定量分析

定量分析就是对评价对象进行量化处理与分析。例如,对财务报告缺陷,可由该缺陷可能导致财务报表错报的概率来确定,这种概率主要取决于两方面的因素:一是该缺陷是否具备合理可能性,导致内部控制不能及时防止、发现并纠正财务报表错报;二是该缺陷单独或连同其他缺陷可能导致的潜在错报金额的大小。详见表6-2。

表6-2 财务报告缺陷的定量认定标准

序号	错报发生的可能性	错报的概率
1	基本确定	95%~100%
2	很可能	50%~95%
3	可能	5%~50%
4	可能性极小	0%~5%

案例分析6-2

公司未识别内部控制缺陷，导致评价报告披露不准确

至正股份上市公司、公司控股股东及相关责任人于 2020 年 12 月 30 日收到上交所《纪律处分决定书》，文件中对违规事实的表述中提到，公司《2018 年度内部控制评价报告》披露不准确。具体情况为：2018 年度，公司存在伪造部分客户单据的违规行为，相关伪造单据涉及金额 435.09 万元。截至目前，真实单据均已收回。前述控股股东及关联方资金占用、2017 年和 2018 年年度报告存在虚假记载、伪造客户单据等事项反映出公司内部控制存在重大缺陷，但公司未在其 2018 年度内部控制评价过程中识别出相关缺陷，导致公司《2018 年度内部控制评价报告》未披露存在内部控制缺陷情况，信息披露不准确。

根据《公开发行证券的公司信息披露编报规则第 21 号——年度内部控制评价报告的一般规定》第四条规定："公司应当以内部控制评价工作获取的测试、评价证据为基础，如实编制和对外提供年度内部控制评价报告，不得含有虚假的信息或者隐瞒重要事实。公司董事会及全体董事应保证提供的年度内部控制评价报告不存在虚假记载、误导性陈述或重大遗漏，并就年度内部控制评价报告的真实性、准确性、完整性承担个别和连带的法律责任。"

二、内部控制评价

（一）内部控制评价的定义

企业内部控制评价是指企业董事会或类似权力机构对内部控制有效性进行全面评价、形成评价结论、出具评价报告的过程。首先，董事会（或类似权力机构）是建立和实施内部控制评价工作的主要责任方；其次，内部控制评价的内容主要是内部控制的有效性；最后，要保证内部控制评价具有全面性，在此基础上披露年度内部控制评价报告。

（二）内部控制评价的内容

企业应结合内部控制的五大要素即内部环境、风险评估、控制活动、信息与沟通、内部监督对企业内部控制总体系统进行评估。

1. 内部环境评价

内部环境是企业实施内部控制的基础，包括组织架构、发展战略、人力资源、企业文化和社会责任。结合内部控制制度要求，对内部环境的评价主要从诚信道德与企业价值观、胜任能力、董事会、公司组织机构、权利和责任的分配、人力资源政策及实施情况等方面展开。

2. 风险评估评价

企业组织风险评估评价，主要从公司各层面目标、业务活动层次目标、风险分析及系统应对变化的能力三个方面展开。

3. 控制活动评价

控制活动是企业为保证管理层的指令有效实施和实现企业目标而建立的政策和程序。各控制活动的评价标准依不同的业务类型而不尽相同，但评价企业控制活动一般考虑控制活动的类型、控制活动的复杂性、实施控制活动需要的职业判断程度、控制活动所针对的风险事项及其重要性、该控制活动对其他控制活动有效性的依赖程度等。

4. 信息与沟通评价

信息与沟通是及时、准确、完整地收集与企业经营管理相关的各种信息，并使这些信息以适当的方式在企业有关层级之间及时传递、有效沟通和正确应用的过程，是实施内部控制的重要条件。信息与沟通的评价工作主要集中在信息收集处理和传递的及时性、反舞弊机制的健全性、财务报告的真实性、信息系统的安全性，以及利用信息系统实施内部控制的有效性等方面。

5. 内部监督评价

内部监督评价主要从日常监督和专项监督两个方面进行综合评价，同时向相关管理人员和董事会上报内部控制缺陷并采取相应的改进措施。

（三）内部控制评价的程序

企业应当按照制定评价方案、实施评价活动、编制评价报告等程序开展内部控制评价。内部控制评价机构应当根据审批通过的评价方案组织实施内部控制评价工作，通过适当的方法收集、确认、分析相关信息，确定与实现整体控制目标相关的风险及细化控制目标，并在此基础上辨识与细化控制目标相对应的控制活动，然后针对控制活动进行必要的测试，获取充分、相关、可靠的证据对内部控制的有效性展开评价，并做好书面记录。

1. 建立内部控制评价机构

企业应根据单位的经营规模、机构设置、经营性质、制度状况等设置评价机构，如企业是否能独立行使对内部控制系统的建立、运行过程及结果进行监督的权力，是否具备与监督和评价内部控制系统相适应的胜任能力和权威性等。企业能够根据企业整体控制目标，制定内部控制评价工作方案，明确评价目的、范围、组织、标准、方法、进度安排和费用预算等内容，并报管理层和董事会审批。

2. 对内部控制制度的建立和执行情况进行调查

通过审阅相关规章制度、现场询问有关人员、实地观察等方式调查了解内部控制制度的建立和执行情况，并做出初步评价。

3. 对内部控制制度进行测试

内部控制评价工作组对企业内部控制制度进行现场测试，充分收集企业内部控制设计和运行是否有效的证据。内部控制测试的方法有许多，详见表6-3。

表6-3 内部控制测试方法

序 号	测试方法	要 求
1	个别访谈法	企业根据检查评价需要，对员工进行单独访谈，以获取有关信息
2	调查问卷法	设置问卷调查表，分别对不同层次的员工进行问卷调查，根据调查结果对相关项目做出评价
3	比较分析法	通过分析、比较数据间的关系、趋势或比率，取得评价的证据
4	标杆法	通过与组织内外部相同或相似的经营活动进行比较，对企业的内部控制设计的有效性做出评价

续表

序 号	测试方法	要 求
5	穿行测试	通过抽取一份全过程的文件,了解整个业务流程的执行情况
6	抽样法	针对具体的内部控制业务流程,按照业务发生频率及固有风险的高低,从确定的抽样总体中抽取一定比例的业务样本,对业务样本的符合性进行判断,进而对内部控制业务流程的有效性做出评价
7	实地查验法	对财产进行盘点、清查,对存货出、入库等控制环节进行现场查验
8	重新执行法	重新评估某一控制活动全过程的控制执行情况
9	专题讨论法	通过召集与业务流程相关的管理人员,就业务流程的特定项目或具体问题进行讨论与评估

4. 汇总评价成果

企业应当通过评估和测试获取与内部控制有效性相关的证据,判断相关控制的设计与运行的有效性。企业在判断内部控制设计与运行的有效性时,应当充分考虑是否针对风险设置了合理细化的控制目标,是否针对细化的控制目标设置了对应的控制活动,相关控制活动是如何运行的,相关控制活动是否得到了持续一致的运行等因素。最后从定量和定性等方面进行分析,判断是否存在内部控制缺陷。

5. 编写内部控制评价报告

企业应当结合内部监督情况,定期对内部控制的有效性进行自我评价,出具内部控制自我评价报告。对内部控制进行综合评价后,评价人员需要对内部控制的评价结果进行记录,与管理人员进行沟通、核对数据、确认事实、征求意见,提出进一步加强和完善内部控制的措施,形成评价报告,并将其传达给管理者。

具体来说,内部控制评价报告至少应包括以下内容:董事会对内部控制报告真实性的声明,内部控制评价工作的总体情况,内部控制评价的依据、范围、程序和方法,内部控制缺陷及其认定,内部控制缺陷的整改情况及对重大缺陷拟采取的整改措施,内部控制有效性的结论。

案例分析6—3

内控制度未及时更新,内控运行效力有限

重庆证监局于2020年9月11日对上市公司万里股份出具警示函,并对相关责任人采取监管谈话的措施。违规事实除信息披露和会计核算不规范之外,该公司还存在以下内控体系不健全的情况:

(1) 内控制度未及时修订:公司2014年制定的《内部控制管理手册》未根据实际情况及时修订,也未经董事会审议批准,未形成有效的内控管理制度;

(2) 内控工作开展受阻:公司内控管理投入较少,人员配备不足,内部审计部门仅有1名工作人员,有关内控管理和监督工作无法有效开展;

(3) 部门间协同效应不佳:公司存在因工程相关部门与财务部门之间信息传递不及时,导致部分在建工程转固不及时的内控缺陷,且一直未进行整改;公司还存在开展内控自我评价工作过程中,未制作和保留相关工作底稿,以及销售业务内部控制未得到有效执行等内控缺陷。

《企业内部控制基本规范》中对企业建立与实施内部控制应当遵循的几项原则提出了明确要求,其中一项为适应性原则,即"内部控制应当与企业经营规模、业务范围、竞争状况和风险水平等相适应,并随着情况的变化及时加以调整"。上市公司未根据公司目前最新情况更新内控制度,仍沿用旧版制度,导致无法形成有效的内控管理体系,违背了公司内控制度建立的原则。

案例分析6-4

华谊兄弟传媒股份有限公司2016年度内部控制自我评价报告(有删改)

华谊兄弟传媒股份有限公司(以下简称"公司")按照《公司法》《深圳证券交易所创业板股票上市规则》《深圳证券交易所上市公司内部控制指引》《企业内部控制基本规范》《深圳证券交易所创业板上市公司规范运作指引》《上市公司治理准则》等相关法律法规的要求,公司董事会、董事会审计委员会、公司内部审计部门对公司2016年度内部控制情况进行了全面深入的检查,在查阅公司的各项内控管理制度,了解公司及子公司有关部门的内部控制实施工作的基础上,本着对全体股东负责的态度,对公司的内部控制情况进行了评价。现将公司2016年度内部控制情况报告如下:

一、公司内部控制制度的目标和原则

(一)公司内部控制制度的目标

(1)通过建立和完善内部治理和组织结构,形成科学的决策机制、执行机制和监督机制,保证公司经营管理合法合规;

(2)建立行之有效的风险控制系统,强化风险管理,保证公司各项经营活动的正常有序运行;

(3)建立良好的公司内部控制环境,防范、纠正错误及舞弊行为,达到风险可控,以保证公司资产安全、财务报告及相关信息真实、完整,提高经营效率,促进公司目标的实现;

(4)规范公司会计行为,保证会计资料真实、完整,提高会计信息质量;

(5)确保国家有关法律法规和公司内部规章制度的贯彻执行。

(二)公司内部控制制度的原则

(1)全面性原则:内部控制应贯穿决策、执行和监督全过程,覆盖公司及子公司的各种业务和事项。

(2)重要性原则:内部控制应在全面控制的基础上,关注重要业务事项和高风险领域。

(3)制衡性原则:内部控制应在治理结构、机构设置和权责分配、业务流程等方面相互制约、相互监督,同时兼顾运营效率。

(4)适应性原则:内部控制应与公司经营规模、业务范围、竞争状况和风险水平等相适应,并随着情况的变化及时加以调整。

(5)成本效益原则:内部控制应当权衡实施成本与预期效益,以适当的成本实现有效控制。

二、公司内部控制制度的有关情况

(一)公司内部控制的组织结构

根据《公司法》等相关法律法规的规定,公司建立了股东大会、董事会、监事会和经理层的法人治理结构,并制定了"三会"议事规则和《总经理工作细则》,明确决策、执行、监督等方面的职责权限,形成科学有效的职责分工和制衡机制。各部门各司其职、规范运作。董事会下设战略委员会、审计委员会、提名委员会、薪酬与考核委员会,并且分别制定了各委员会的实施细则,保障公司治理结构完善,董事会的决策科学、高效。

公司根据实际情况,设立了相应的职能部门,主要职能部门包括董事会办公室、审计部、质量控制部、开发部、制作部、品牌运营部、发行部等职能部门,并制定了相应的岗位职责。各职能部门分工明确、各负其责、相互协作、相互牵制、相互监督。

截至2016年年末,公司拥有25家全资或控股子公司及孙公司,18家参股公司,分别是北京华谊兄弟娱乐投资有限公司、华谊兄弟国际有限公司、北京华谊兄弟时代文化经纪有限公司、北京华谊兄弟音乐有限公司、华谊兄弟文化经纪有限公司、华谊兄弟(天津)实景娱乐有限公司、华谊兄弟影院投资有限公司、北京华谊兄弟新媒体技术有限公司、北京华谊兄弟文化发展有限公司、浙江华谊兄弟天意影视有限公司、浙江华谊兄弟影业投资有限公司、华谊兄弟重庆影院管理有限公司、华谊兄弟合肥影院管理有限公司、华谊兄弟武汉影院管理有限公司、北京华谊兄弟数字传媒技术有限公司、华谊兄弟哈尔滨影院管理有限公司、华谊兄弟上海影院管理有限公司、华谊兄弟影院管理无锡有限公司、北京华谊兄弟环球影院管理有限公司、深圳华谊兄弟影院管理有限公司、华谊兄弟时尚(上海)文化传媒有限公司、北京华谊兄弟新面孔时尚文化传媒有限公司、北京华谊视觉传媒广告有限公司、谦谦文化传播(天津)有限公司、北京掌趣科技股份有限公司、北京新影联华谊兄弟影院有限公司、蓝海华谊兄弟国际文化传播江苏有限责任公司、上海嘉华影视文化产业发展有限公司、湖南富坤文化传媒投资中心(有限合伙)、上海星浩股权投资中心(有限合伙)、华谊影城(苏州)有限公司、众大合联市场咨询(北京)有限公司、突围电影有限公司、深圳华谊兄弟文化创意产业有限公司、海南观澜湖华谊冯小刚文化旅游实业有限公司、华狮盛典(北京)文化传媒有限公司、北京随视传媒科技有限公司、上海星浩投资有限公司等。按照法律法规及公司章程的规定,公司对全资或控股子公司或孙公司的经营、资金、人员、财务等重大方面,通过严谨的制度安排履行必要的监管。

(二)公司内部控制制度的建设情况

公司根据《公司法》《证券法》《深圳证券交易所创业板股票上市规则》《深圳证券交易所创业板上市公司规范运作指引》《深圳证券交易所上市公司内部控制指引》等相关法律法规和规范性文件的规定,结合公司自身具体情况,已建立了一套较为完善的内部控制制度,公司按国家颁布的相关法律,在公司日常经营管理中,建立了涵盖业务管理、人力资源管理、资产管理、业务管理等各方面的内部控制制度。上述各项制度得到了有效的贯彻执行,对公司的生产经营起到了有效的监督、控制和指导作用。

1.基本控制制度

1)日常管理方面

以公司基本制度为基础,制定了涵盖财务管理、生产管理、采购、销售、对外投资等整个生产过程的一系列制度,确保各项工作都有章可循,形成了规范的管理体系。

2)人力资源管理方面

随着公司运作规范化、规模化,对有较高综合素质的管理人才、营销人才和专业人才的需求将不断增加。公司实行公开招聘、择优录用的聘用办法,建立规范的劳动合同管理制度,在此基础上,建立考核评价制度,进一步深化人事、劳动、分配制度改革,以吸引和留住优秀人才,为公司发展提供人力资源保障。

3）信息系统方面

本公司建立的电子邮件系统,使各部门能及时向管理层有效提供决策信息,使上通下达双向沟通成为可能,提高了公司的管理效率。

4）工资费用方面

公司严格执行年初确定的工资总额计划,建立了岗位考核和激励机制。公司严格执行国家有关住房公积金、社会保险等相关规定。

5）印章管理方面

公司已经形成了印章使用管理制度,统一了印章种类、管理范围,明确印章刻制、保管、使用范围、审批程序等,在公司运营过程中严格执行印章使用的审批流程,保障印章使用的规范性。

6）合同管理方面

公司建立了严格的合同审核审批制度,合同签署之前需经过业务部、法务部、财务部的审核,经各部门的领导审批后方可进入签署流程,有效地减少了业务风险,减少了公司的损失。

2. 业务控制制度

1）基础管理

为确保公司各项经济活动顺利进行,不断提高公司经济效益,公司的一切经济活动都要纳入财务预算管理,受财务预算的制约,主要包括现金流量、主营业务收入、筹资、税金、影视制作成本、管理费用、营业费用、财务费用、投资计划及其他与财务收支有关的经济活动事项。根据公司发展的要求,应不断健全内控制度。

2）采购及成本管理

公司项目实行全面预算控制,在项目可行性研究过程中对服务、劳务等主要生产成本的采购,实行细致的预算和市场价格比较,项目负责人及财务部门共同对预算的执行结果负责,做到了比质比价采购、采购决策透明,尽可能堵塞采购环节的漏洞。

3）质量管理

公司建立了作品内部质量评价制度,影视作品在报送广电主管部门审查之前,内部首先依据国家相关规定对作品的质量进行自我审查。

4）销售管理

公司实行了销售人员绩效奖励制度,对公司市场开发进行有序、规范的管理,激发市场开发人员的积极性,以全面、稳定、持久地提高市场开发业绩。公司将加大影视周边产品和衍生服务的开发力度,多渠道拓宽利润来源,不断改进和创新业务模式,提高利润水平和市场占有率。

3. 资产管理控制制度

（1）根据《货币资金安全管理办法》《资金审批管理制度》《财务管理制度》《募集资金管理制度》《固定资产管理制度》等财务管理规章制度,公司对货币资金收支和保管业务建立了严格的授权批准程序,规范了公司的会计核算和财务管理,保证财务信息的真实可靠。设置了办理货币资金业务的不相容岗位分离制度,相关机构和人员相互制约,加强了款项收付的稽核,以确保货币资金的安全。

（2）公司制定了固定资产管理制度,对固定资产加强动态管理,对于固定资产等实物资产建立了定期财产清查制度,并且在公司设置专职固定资产管理人员,从审批权限到入账、维护、保养、盘点、内部调拨、报废清理等全过程实施监控。

4.财务管理控制制度

公司财务部在组织企业的会计核算、会计监督和财务管理工作中,制定了一系列的财务规章制度,将内部控制和内部稽核的要求贯穿其中。公司财务系统采用财务软件,记账、复核、过账、结账、报告都有专人负责,以保证账簿记录内容完整、数字准确,并严格执行《企业会计准则》的要求,各类业务操作人员严格按要求操作,并有专人监督各项制度的执行情况。在现金管理方面,公司遵守现金管理制度,保证库存现金账款相符,正确使用银行账户,每月与银行对账,现金按规定缴存银行,对支票进行了严格的管理。公司对发票、收据进行严格管理,有明确的发票、收据管理责任人,所有票据的领用、核销都进行了登记和审核,从而有效杜绝不安全事故的发生。

(三)重点内部控制活动

1.对外投资管理

为了加强公司对外投资管理,规范对外投资行为,提高对外投资的经济效益和有效性,根据《公司法》制定了公司章程,规定股东大会是公司对外投资决策的最高权力机构,董事会在股东大会授权范围内,对公司对外投资行使一定的决策权。总经理办公会负责对外投资项目的立项审核和论证资料审核,并总体负责项目的实施和管理。

2.对外担保管理

根据《公司法》、中国证监会《关于规范上市公司对外担保行为的通知》的有关规定,公司在章程中规定了严格的对外担保审批程序和审批权限。公司制定了《对外担保办法》,对对外担保对象的审查、对外担保的审批程序、对外担保的管理及对外担保的信息披露等做出了明确规定。截至报告日,公司除对全资子公司提供担保外,不存在为控股股东及关联方提供担保的情况。

3.关联交易管理

根据《公司法》《证券法》等法律法规和公司章程的规定,遵循诚实信用、平等、自愿、公平、公允的原则,公司制定和修订了《关联交易管理办法》,对关联交易的决策权限、回避制度和披露程序等做出了明确规定,保证公司关联交易的合法性、公允性和合理性,保障公司和股东的合法权益。公司确定关联方名单,并及时予以更新,确保关联方名单真实、准确、完整。

4.信息披露管理

为保证公司披露信息的及时、准确和完整,避免重要信息泄露、违规披露等事件发生,公司根据《公司法》《证券法》《上市公司信息披露管理办法》《深圳证券交易所创业板股票上市规则》《深圳证券交易所创业板上市公司规范运作指引》等有关规定,制定和修订了公司的《信息披露管理制度》《投资者关系管理制度》,明确了公司各部门、子公司和有关人员的信息收集与管理以及信息披露职责范围和保密责任,要求相关责任人在可能发生或已发生重大信息事项时应及时向公司董事会报告。通过以上措施,有效保证信息披露管理工作的顺利进行。

5.募集资金管理

为规范公司募集资金的存放、使用和管理,保证募集资金的安全,最大限度地保障投资者的合法权益,根据《公司法》《证券法》《深圳证券交易所创业板股票上市规则》《深圳证券交易所创业板上市公司规范运作指引》等国家有关法律法规的规定,结合公司实际情况,制定和修订了公司的《募集资金管理制度》,对公司募集资金的基本管理原则、募集资金的三方监管以及募集资金的使用和监督做了明确规定,并有效实施。

6.内部审计管理

公司在董事会审计委员会下设审计部,审计部向董事会审计委员会负责并报告工作,独立行使审计职权,不受其他部门和个人干涉。审计部对公司内部控制制度的建立和实施、公司财务信息的真实性和完整性等情况进行检查监督。

三、公司内部控制制度存在的问题及完善内部控制制度的措施

(一)公司内部控制制度存在的问题

公司按照《企业内部控制基本规范》《深圳证券交易所上市公司内部控制指引》《深圳证券交易所创业板上市公司规范运作指引》等法律法规的要求,建立了较为全面的各项相关内部控制制度,并使其得到了贯彻执行。但随着外部环境的变化、经营业务的发展、规模的不断扩大及管理要求的提高,公司内部控制制度仍需不断进行修订和完善,以强化风险管理,推动管理创新,仍需持续不断地提高管理层在内部控制方面的能力和素质。

(二)完善内部控制制度采取的措施

为了进一步探索公司治理的有效措施,重视实效性和长效性的结合,不断提升公司治理水平,以保证公司持续、健康、快速发展,公司将采取以下几个方面的措施,改进和完善内部控制制度。

(1)加强对《公司法》《证券法》以及公司经营管理等相关法律法规、制度的学习和培训,进一步提高广大员工特别是公司董事、监事、高级管理人员及关键部门负责人风险防控的意识。

(2)根据相关法律法规及监管部门的要求,结合公司实际,修订和完善各项内部控制制度,健全完善公司内部控制体系,优化公司业务及管理流程,确保公司持续规范运作。

(3)加强信息传递,实现及时、有效、准确的信息传递,贯彻执行重大事项上报制度,将重要信息及时传递给经营管理层、董事会、监事会。加强公司与股东、客户和政府部门等有关方面的沟通。

(4)进一步加强和完善内部监督职能。以审计委员会为主导,以内部审计部门为实施部门,对内部控制建立与实施情况进行常规、持续的日常监督,同时加强对内部控制重要方面进行有针对性的专项监督。进一步完善内部控制评价机制,及时发现内部控制缺陷,及时加以改进,保证内部控制的有效性。

(5)公司将进一步加强风险评估体系建设,根据设定的控制目标,全面系统地收集相关信息,准确识别内部风险和外部风险,及时进行风险评估,实现对风险的有效控制。

四、内部控制自我评价

公司董事会认为,公司结合自身的经营特点,建立了一套较为健全的内部控制体系,符合我国法律法规和证券监管部门的要求。公司内部控制制度具有较强的针对性和合理性,并且得到了较好的贯彻和执行,在公司经营的各个关键环节、关联交易、对外担保、重大投资、信息披露等方面发挥了较好的管理控制作用,能够对公司各项业务的健康运行及经营风险的控制提供保证。2016年度未发现公司存在内部控制制度和执行的重大缺陷,在未来的经营发展中,公司将结合自身发展的实际需要,进一步完善内部控制制度,增强内部控制的执行力,使之适应公司发展的需要和国家有关法律法规的要求。

华谊兄弟传媒股份有限公司董事会
2016年3月18日

本章小结

内部监督是企业对内部控制建立与实施情况进行的监督检查,评价内部控制的有效性,发现内部控制的缺陷,应当及时进行改进。内部监督的机构主要包括审计委员会、监事会、内部审计机构。

内部监督的方式主要包括日常监督和专项监督。专项监督应重点关注高风险且重要的项目以及内部环境的变化。

内部控制缺陷是描述内部控制有效性的一个负向维度。当内部控制的设计或运行不允许管理层或雇主实施他们的职能来及时防止错误或舞弊的发生,便产生了内部控制缺陷。内部控制缺陷按不同的标准可以分为不同的类别:按照内部控制缺陷成因或来源划分,可以分为设计缺陷和运行缺陷;按照影响企业内部控制目标实现的严重程度划分,可以分为重大缺陷、重要缺陷和一般缺陷;按照具体影响内部控制目标的表现形式划分,可以分为财务报告缺陷和非财务报告缺陷。

内部控制缺陷的认定步骤包括评价工作组初步认定阶段、工作组负责人审核阶段、评价部门全面复核阶段。企业内部控制评价是指企业董事会或类似权力机构对内部控制有效性进行全面评价、形成评价结论、出具评价报告的过程。应结合内部控制的五大要素即内部环境、风险评估、控制活动、信息与沟通、内部监督对企业内部控制总体系统进行评估。

企业应当按照制定评价方案、实施评价活动、编制评价报告等程序开展内部控制评价。内部控制评价机构应当根据审批通过的评价方案组织实施内部控制评价工作,通过适当的方法收集、确认、分析相关信息,确定与实现整体控制目标相关的风险及细化控制目标,并在此基础上辨识与细化控制目标相对应的控制活动,然后针对控制活动进行必要的测试,获取充分、相关、可靠的证据对内部控制的有效性展开评价,并做好书面记录。

思考题:
(1)什么是内部监督?指出内部监督与内部控制自我评价的关系。
(2)如何通过内部监督实现内部控制的目标?
(3)内部监督的程序是什么?
(4)内部控制缺陷如何认定?
(5)企业如何开展内部控制评价?
(6)如何做一名合格的内部监督人员?

案例思考

上海家化内部控制分析

大股东与管理层之间的矛盾,直接影响着公司的内部控制。首先,当大股东和管理层无法达成目标一致、导向一致时,内部控制会相应地松懈。其次,在大股东与管理层相互指责时,内部控制制度中所隐藏的问题会被当作利益集团斗争的武器。最后,大股东和管理层意见不统一时,内部控制制度也会相应地陷入困境,没有了直接的汇报对象及负责人员。

1. 风险评估方面

上海家化所面临的风险可分为运营风险与财务风险。在上海家化被否定的内部审计控制报告中,关联交易的披露、销售费用和运输费用的合理入账及会计人员问题,均与公司财务相关。同时,管理层与股东的争执、内斗加大了上海家化的运营风险。反观财务风险,主要产生于融资行为的财务风险,仍在合理范围。所以,上海家化的风险主要集中于运营风险。其中,管理层与股东的内斗,使不可控风险大幅上升。另外,对企业会计准则相关条款的忽略,则必然受到政府机构的调查。

2. 控制活动方面

控制活动是指结合具体业务和事项,运用相应的控制政策和程序,或称控制手段去实施控制。也就是在风险评估之后,单位采取相应的控制措施将风险控制在可承受的范围之内。上海家化于第四届第十六次董事会会议中制定了《内部控制规范实施工作方案》,同时成立了内部控制项目领导小组、内部控制项目管理办公室及项目工作小组,建立了财务报告内部控制制度。

2013年,上海家化财务报告显示,企业进一步加强和完善了公司层面的控制,以促进公司业务规范发展;梳理了业务流程层面的风险点,修订和完善了相关制度;企业开展自我评价,对内部控制缺陷进行识别、评估,开展整改工作。同时,对于被否定的内部控制,上海家化认为,公司没有按照内部控制规范体系和相关规定的要求在所有重大方面保持有效的财务报告内部控制制度。

尽管上海家化逐年重视企业内部控制制度的建立、完善和维系,但是,不可否认的是,上海家化的财务报告内部控制制度并不成熟。而且,对制度的执行力也受到投资者的怀疑。

3. 信息与沟通方面

信息与沟通是企业及时、准确地收集、传递与内部控制相关的信息,用以保护信息在企业内部、企业与外部之间进行有效沟通。

目前,上海家化与外部沟通的方式主要有公告、财务报告、重大消息等,在股东与管理层发生矛盾时,沟通显得尤为重要。其中,财务报告是管理层与股东沟通的重要媒介。但是,上海家化会计信息披露的不规范、不全面行为,导致传递的信息不全面、不准确,从而使股东无法获取有效的信息。

4. 内部监督方面

内部监督是企业对内部控制建立与实施情况监督检查,评价内部控制的有效性,对于发现的内部控制缺陷,及时加以改进。

虽然上海家化已经建立了财务报告内部控制制度,但是并没有相关资料显示上海家化建立了专职的内部监督机构。为了保证内部监督的客观性,内部监督应当由独立于内部控制执行的机构进行监督。尽管一般情况下,企业可以授权内部审计机构具体承担内部监督的职能。

思考:(1)请从内部控制五个要素方面对上海家化的内部控制进行评价。

(2)通过分析,指出应如何完善上海家化的内部控制制度。

本章练习题

参 考 文 献

[1] 侯其峰.企业内部控制基本规范操作指南[M].北京：人民邮电出版社,2016.
[2] 企业内部控制编审委员会.企业内部控制基本规范及配套指引案例讲解[M].上海：立信会计出版社,2020.
[3] 池国华,樊子君.内部控制学[M].3版.北京：北京大学出版社,2017.
[4] 〔美〕Treadway委员会发起组织委员会(COSO).内部控制——整合框架[M].方红星,译.大连：东北财经大学出版社,2008.
[5] 王凤洲.内部控制学[M].北京：经济科学出版社,2020.
[6] 美国管理会计师协会(IMA).财务报告、规划、绩效与控制[M].北京：经济科学出版社,2015.
[7] 方红星,池国华.内部控制[M].4版.大连：东北财经大学出版社,2019.
[8] 中国注册会计师协会.公司战略与风险管理[M].北京：经济科学出版社,2019.
[9] 郑石桥.内部控制学[M].北京：中国时代经济出版社,2013.
[10] 郑洪涛,张颖.企业内部控制学[M].4版.大连：东北财经大学出版社,2018.

附录　企业内部控制基本规范

第一章　总　则

第一条　为了加强和规范企业内部控制,提高企业经营管理水平和风险防范能力,促进企业可持续发展,维护社会主义市场经济秩序和社会公众利益,根据《中华人民共和国公司法》《中华人民共和国证券法》《中华人民共和国会计法》和其他有关法律法规,制定本规范。

第二条　本规范适用于中华人民共和国境内设立的大中型企业。

小企业和其他单位可以参照本规范建立与实施内部控制。

大中型企业和小企业的划分标准根据国家有关规定执行。

第三条　本规范所称内部控制,是由企业董事会、监事会、经理层和全体员工实施的、旨在实现控制目标的过程。

内部控制的目标是合理保证企业经营管理合法合规、资产安全、财务报告及相关信息真实完整,提高经营效率和效果,促进企业实现发展战略。

第四条　企业建立与实施内部控制,应当遵循下列原则:

(一)全面性原则。内部控制应当贯穿决策、执行和监督全过程,覆盖企业及其所属单位的各种业务和事项。

(二)重要性原则。内部控制应当在全面控制的基础上,关注重要业务事项和高风险领域。

(三)制衡性原则。内部控制应当在治理结构、机构设置及权责分配、业务流程等方面形成相互制约、相互监督,同时兼顾运营效率。

(四)适应性原则。内部控制应当与企业经营规模、业务范围、竞争状况和风险水平等相适应,并随着情况的变化及时加以调整。

(五)成本效益原则。内部控制应当权衡实施成本与预期效益,以适当的成本实现有效控制。

第五条　企业建立与实施有效的内部控制,应当包括下列要素:

(一)内部环境。内部环境是企业实施内部控制的基础,一般包括治理结构、机构设置及权责分配、内部审计、人力资源政策、企业文化等。

(二)风险评估。风险评估是企业及时识别、系统分析经营活动中与实现内部控制目标相关的风险,合理确定风险应对策略。

(三)控制活动。控制活动是企业根据风险评估结果,采用相应的控制措施,将风险控制在可承受度之内。

(四)信息与沟通。信息与沟通是企业及时、准确地收集、传递与内部控制相关的信息,确保信息在企业内部、企业与外部之间进行有效沟通。

(五)内部监督。内部监督是企业对内部控制建立与实施情况进行监督检查,评价内部控制的有效性,发现内部控制缺陷,应当及时加以改进。

第六条　企业应当根据有关法律法规、本规范及其配套办法,制定本企业的内部控制制度并组织实施。

第七条　企业应当运用信息技术加强内部控制,建立与经营管理相适应的信息系统,促进内部控制流程与信息系统的有机结合,实现对业务和事项的自动控制,减少或消除人为操纵因素。

第八条　企业应当建立内部控制实施的激励约束机制,将各责任单位和全体员工实施内部控制的情况纳入绩效考评体系,促进内部控制的有效实施。

第九条　国务院有关部门可以根据法律法规、本规范及其配套办法,明确贯彻实施本规范的具体要求,对企业建立与实施内部控制的情况进行监督检查。

第十条　接受企业委托从事内部控制审计的会计师事务所,应当根据本规范及其配套办法和相关执业准则,对企业内部控制的有效性进行审计,出具审计报告。会计师事务所及其签字的从业人员应当对发表的内部控制审计意见负责。

为企业内部控制提供咨询的会计师事务所,不得同时为同一企业提供内部控制审计服务。

第二章　内部环境

第十一条　企业应当根据国家有关法律法规和企业章程,建立规范的公司治理结构和议事规则,明确决策、执行、监督等方面的职责权限,形成科学有效的职责分工和制衡机制。

股东(大)会享有法律法规和企业章程规定的合法权利,依法行使企业经营方针、筹资、投资、利润分配等重大事项的表决权。

董事会对股东(大)会负责,依法行使企业的经营决策权。

监事会对股东(大)会负责,监督企业董事、经理和其他高级管理人员依法履行职责。

经理层负责组织实施股东(大)会、董事会决议事项,主持企业的生产经营管理工作。

第十二条　董事会负责内部控制的建立健全和有效实施。监事会对董事会建立与实施内部控制进行监督。经理层负责组织领导企业内部控制的日常运行。

企业应当成立专门机构或者指定适当的机构具体负责组织协调内部控制的建立实施及日常工作。

第十三条　企业应当在董事会下设立审计委员会。审计委员会负责审查企业内部控制,监督内部控制的有效实施和内部控制自我评价情况,协调内部控制审计及其他相关事宜等。

审计委员会负责人应当具备相应的独立性、良好的职业操守和专业胜任能力。

第十四条　企业应当结合业务特点和内部控制要求设置内部机构,明确职责权限,将权利与责任落实到各责任单位。

企业应当通过编制内部管理手册,使全体员工掌握内部机构设置、岗位职责、业务流程等情况,明确权责分配,正确行使职权。

第十五条　企业应当加强内部审计工作,保证内部审计机构设置、人员配备和工作的独立性。

内部审计机构应当结合内部审计监督,对内部控制的有效性进行监督检查。内部审计机构对监督检查中发现的内部控制缺陷,应当按照企业内部审计工作程序进行报告;对监督检查中发现的内部控制重大缺陷,有权直接向董事会及其审计委员会、监事会报告。

第十六条　企业应当制定和实施有利于企业可持续发展的人力资源政策。人力资源政策应当包括下列内容：

（一）员工的聘用、培训、辞退与辞职。

（二）员工的薪酬、考核、晋升与奖惩。

（三）关键岗位员工的强制休假制度和定期岗位轮换制度。

（四）掌握国家秘密或重要商业秘密的员工离岗的限制性规定。

（五）有关人力资源管理的其他政策。

第十七条　企业应当将职业道德修养和专业胜任能力作为选拔和聘用员工的重要标准，切实加强员工培训和继续教育，不断提升员工素质。

第十八条　企业应当加强文化建设，培育积极向上的价值观和社会责任感，倡导诚实守信、爱岗敬业、开拓创新和团队协作精神，树立现代管理理念，强化风险意识。

董事、监事、经理及其他高级管理人员应当在企业文化建设中发挥主导作用。

企业员工应当遵守员工行为守则，认真履行岗位职责。

第十九条　企业应当加强法制教育，增强董事、监事、经理及其他高级管理人员和员工的法制观念，严格依法决策、依法办事、依法监督，建立健全法律顾问制度和重大法律纠纷案件备案制度。

第三章　风　险　评　估

第二十条　企业应当根据设定的控制目标，全面系统持续地收集相关信息，结合实际情况，及时进行风险评估。

第二十一条　企业开展风险评估，应当准确识别与实现控制目标相关的内部风险和外部风险，确定相应的风险承受度。

风险承受度是企业能够承担的风险限度，包括整体风险承受能力和业务层面的可接受风险水平。

第二十二条　企业识别内部风险，应当关注下列因素：

（一）董事、监事、经理及其他高级管理人员的职业操守、员工专业胜任能力等人力资源因素。

（二）组织机构、经营方式、资产管理、业务流程等管理因素。

（三）研究开发、技术投入、信息技术运用等自主创新因素。

（四）财务状况、经营成果、现金流量等财务因素。

（五）营运安全、员工健康、环境保护等安全环保因素。

（六）其他有关内部风险因素。

第二十三条　企业识别外部风险，应当关注下列因素：

（一）经济形势、产业政策、融资环境、市场竞争、资源供给等经济因素。

（二）法律法规、监管要求等法律因素。

（三）安全稳定、文化传统、社会信用、教育水平、消费者行为等社会因素。

（四）技术进步、工艺改进等科学技术因素。

（五）自然灾害、环境状况等自然环境因素。

（六）其他有关外部风险因素。

第二十四条　企业应当采用定性与定量相结合的方法，按照风险发生的可能性及其影响程度等，对识别的风险进行分析和排序，确定关注重点和优先控制的风险。

企业进行风险分析，应当充分吸收专业人员，组成风险分析团队，按照严格规范的程序开展工作，确保风险分析结果的准确性。

第二十五条　企业应当根据风险分析的结果，结合风险承受度，权衡风险与收益，确定风险应对策略。

企业应当合理分析、准确掌握董事、经理及其他高级管理人员、关键岗位员工的风险偏好，采取适当的控制措施，避免因个人风险偏好给企业经营带来重大损失。

第二十六条　企业应当综合运用风险规避、风险降低、风险分担和风险承受等风险应对策略，实现对风险的有效控制。

风险规避是企业对超出风险承受度的风险，通过放弃或者停止与该风险相关的业务活动以避免和减轻损失的策略。

风险降低是企业在权衡成本效益之后，准备采取适当的控制措施降低风险或者减轻损失，将风险控制在风险承受度之内的策略。

风险分担是企业准备借助他人力量，采取业务分包、购买保险等方式和适当的控制措施，将风险控制在风险承受度之内的策略。

风险承受是企业对风险承受度之内的风险，在权衡成本效益之后，不准备采取控制措施降低风险或者减轻损失的策略。

第二十七条　企业应当结合不同发展阶段和业务拓展情况，持续收集与风险变化相关的信息，进行风险识别和风险分析，及时调整风险应对策略。

第四章　控制活动

第二十八条　企业应当结合风险评估结果，通过手工控制与自动控制、预防性控制与发现性控制相结合的方法，运用相应的控制措施，将风险控制在可承受度之内。

控制措施一般包括：不相容职务分离控制、授权审批控制、会计系统控制、财产保护控制、预算控制、运营分析控制和绩效考评控制等。

第二十九条　不相容职务分离控制要求企业全面系统地分析、梳理业务流程中所涉及的不相容职务，实施相应的分离措施，形成各司其职、各负其责、相互制约的工作机制。

第三十条　授权审批控制要求企业根据常规授权和特别授权的规定，明确各岗位办理业务和事项的权限范围、审批程序和相应责任。

企业应当编制常规授权的权限指引，规范特别授权的范围、权限、程序和责任，严格控制特别授权。常规授权是指企业在日常经营管理活动中按照既定的职责和程序进行的授权。特别授权是指企业在特殊情况、特定条件下进行的授权。

企业各级管理人员应当在授权范围内行使职权和承担责任。

企业对于重大的业务和事项，应当实行集体决策审批或者联签制度，任何个人不得单独进行决策或者擅自改变集体决策。

第三十一条　会计系统控制要求企业严格执行国家统一的会计准则制度，加强会计基础工作,明确会计凭证、会计账簿和财务会计报告的处理程序,保证会计资料真实完整。

企业应当依法设置会计机构,配备会计从业人员。从事会计工作的人员,必须取得会计从业资格证书。会计机构负责人应当具备会计师以上专业技术职务资格。

大中型企业应当设置总会计师。设置总会计师的企业,不得设置与其职权重叠的副职。

第三十二条　财产保护控制要求企业建立财产日常管理制度和定期清查制度,采取财产记录、实物保管、定期盘点、账实核对等措施,确保财产安全。

企业应当严格限制未经授权的人员接触和处置财产。

第三十三条　预算控制要求企业实施全面预算管理制度,明确各责任单位在预算管理中的职责权限,规范预算的编制、审定、下达和执行程序,强化预算约束。

第三十四条　运营分析控制要求企业建立运营情况分析制度,经理层应当综合运用生产、购销、投资、筹资、财务等方面的信息,通过因素分析、对比分析、趋势分析等方法,定期开展运营情况分析,发现存在的问题,及时查明原因并加以改进。

第三十五条　绩效考评控制要求企业建立和实施绩效考评制度,科学设置考核指标体系,对企业内部各责任单位和全体员工的业绩进行定期考核和客观评价,将考评结果作为确定员工薪酬以及职务晋升、评优、降级、调岗、辞退等的依据。

第三十六条　企业应当根据内部控制目标,结合风险应对策略,综合运用控制措施,对各种业务和事项实施有效控制。

第三十七条　企业应当建立重大风险预警机制和突发事件应急处理机制,明确风险预警标准,对可能发生的重大风险或突发事件,制定应急预案、明确责任人员、规范处置程序,确保突发事件得到及时妥善处理。

第五章　信息与沟通

第三十八条　企业应当建立信息与沟通制度,明确内部控制相关信息的收集、处理和传递程序,确保信息及时沟通,促进内部控制有效运行。

第三十九条　企业应当对收集的各种内部信息和外部信息进行合理筛选、核对、整合,提高信息的有用性。

企业可以通过财务会计资料、经营管理资料、调研报告、专项信息、内部刊物、办公网络等渠道,获取内部信息。

企业可以通过行业协会组织、社会中介机构、业务往来单位、市场调查、来信来访、网络媒体以及有关监管部门等渠道,获取外部信息。

第四十条　企业应当将内部控制相关信息在企业内部各管理级次、责任单位、业务环节之间,以及企业与外部投资者、债权人、客户、供应商、中介机构和监管部门等有关方面之间进行沟通和反馈。信息沟通过程中发现的问题,应当及时报告并加以解决。

重要信息应当及时传递给董事会、监事会和经理层。

第四十一条　企业应当利用信息技术促进信息的集成与共享,充分发挥信息技术在信息与沟通中的作用。

企业应当加强对信息系统开发与维护、访问与变更、数据输入与输出、文件储存与保管、网络安全等方面的控制,保证信息系统安全稳定运行。

第四十二条　企业应当建立反舞弊机制,坚持惩防并举、重在预防的原则,明确反舞弊工作的重点领域、关键环节和有关机构在反舞弊工作中的职责权限,规范舞弊案件的举报、调查、处理、报告和补救程序。

企业至少应当将下列情形作为反舞弊工作的重点:

(一)未经授权或者采取其他不法方式侵占、挪用企业资产,牟取不当利益。

(二)在财务会计报告和信息披露等方面存在的虚假记载、误导性陈述或者重大遗漏等。

(三)董事、监事、经理及其他高级管理人员滥用职权。

(四)相关机构或人员串通舞弊。

第四十三条　企业应当建立举报投诉制度和举报人保护制度,设置举报专线,明确举报投诉处理程序、办理时限和办结要求,确保举报、投诉成为企业有效掌握信息的重要途径。

举报投诉制度和举报人保护制度应当及时传达至全体员工。

第六章　内部监督

第四十四条　企业应当根据本规范及其配套办法,制定内部控制监督制度,明确内部审计机构(或经授权的其他监督机构)和其他内部机构在内部监督中的职责权限,规范内部监督的程序、方法和要求。

内部监督分为日常监督和专项监督。日常监督是指企业对建立与实施内部控制的情况进行常规、持续的监督检查;专项监督是指在企业发展战略、组织结构、经营活动、业务流程、关键岗位员工等发生较大调整或变化的情况下,对内部控制的某一或者某些方面进行有针对性的监督检查。

专项监督的范围和频率应当根据风险评估结果以及日常监督的有效性等予以确定。

第四十五条　企业应当制定内部控制缺陷认定标准,对监督过程中发现的内部控制缺陷,应当分析缺陷的性质和产生的原因,提出整改方案,采取适当的形式及时向董事会、监事会或者经理层报告。

内部控制缺陷包括设计缺陷和运行缺陷。企业应当跟踪内部控制缺陷整改情况,并就内部监督中发现的重大缺陷,追究相关责任单位或者责任人的责任。

第四十六条　企业应当结合内部监督情况,定期对内部控制的有效性进行自我评价,出具内部控制自我评价报告。

内部控制自我评价的方式、范围、程序和频率,由企业根据经营业务调整、经营环境变化、业务发展状况、实际风险水平等自行确定。

国家有关法律法规另有规定的,从其规定。

第四十七条　企业应当以书面或者其他适当的形式,妥善保存内部控制建立与实施过程中的相关记录或者资料,确保内部控制建立与实施过程的可验证性。

第七章　附　则

第四十八条　本规范由财政部会同国务院其他有关部门解释。

第四十九条　本规范的配套办法由财政部会同国务院其他有关部门另行制定。

第五十条　本规范自2009年7月1日起实施。